Arena Bibliothek des Wissens

Lebendige Geschichte

Andreas Venzke, geboren 1961 in Berlin. Gestern Student und Jobber, Raucher, Motorradfahrer, Gleitschirmflieger. Heute Dreifach-Vater, Häuslebauer, Marathonläufer, Offbeat-Novize, Hobbygärtner. Allzeit freiberuflicher Autor. Lebt in Freiburg im Breisgau.
www.andreas-venzke.de

Kai Pannen wurde 1961 in Moers geboren. Nach Zivildienst und ersten Berufserfahrungen in einem Buchverlag (Packer in der Versandabteilung) studierte er in Köln Malerei und Film. Anfang der 90er-Jahre beginnt seine Laufbahn als Illustrator und Trickfilmer. Seit 2006 wendet er sich zunehmend der Buchillustration zu und ist seitdem für verschiedene Verlage tätig. Zwei seiner Bücher hat er als Trickfilm umgesetzt. Kai Pannen lebt und arbeitet in Hamburg.
www.kaipannen.de

Andreas Venzke

Ötzi und die Offenbarungen einer Gletschermumie

Arena

Ötzi

Der geheimnisvolle Ötztal-Mann

Auch wenn wir Menschen es bis zum Ende oft nicht glauben wollen – nach dem Tod werden wir zwar nicht unbedingt zu Staub werden, wie es in der Bibel heißt, aber bestenfalls einen guten Humus abgeben! In der Geschichte haben wir trotzdem immer wieder versucht, wenigstens den Körper Verstorbener zu bewahren. Plötzlich zeigt die Natur selbst, dass sie auch ganz anders kann. 1991 findet sich die vollständig erhaltene Leiche eines Menschen, aufbewahrt im Eis der Alpen seit über 5.000 Jahren: eine unvorstellbar lange Zeit. Und nicht nur das: Auch seine Ausrüstung ist erhalten geblieben, sogar einzelne Haare, die sonst in kürzester Zeit vergangen sind. Dieser Mann im Eis hat die Kenntnisse über unsere Vorgeschichte schlagartig erweitert: Am Ende der Steinzeit stieg ein schon fast 50 Jahre alter Mann mit Leichtigkeit in eine Region auf, in der auch wir heutigen Menschen ohne technische Hilfsmittel immer noch schnell den Tod finden können.

Aber die Geschichte von diesem Ötzi genannten Menschen ist nicht nur die seines Lebens: Er ist ein Spiegelbild von uns heutigen Menschen. Er hilft auch, unsere Zeit zu verstehen. Hier geht es um das eine und das andere Leben dieses Menschen, der – uns – vielleicht auf ewig erhalten bleiben wird.

Wie er gefunden wird

Ist mir heiß! Was ist denn nur los? Ist das nun meine zweite Geburt, von der wir immer gesprochen haben? Die würde aber ziemlich lange dauern. Schon seit ein paar Tagen rage ich aus dem Eis heraus, zuerst nur mein Hinterkopf, inzwischen fast mein ganzer Oberkörper. Und die Sonne brennt weiter vom Himmel und taut das Eis um mich her. So habe ich eigentlich keine Lust, wiedergeboren zu werden. Ich habe mir das doch anders vorgestellt. Wir haben es uns so schön ausgemalt, wenn wir am Lagerfeuer zusammensaßen: Im zweiten Leben sitzt man weich auf Fellen, schönen weichen vom Lamm, über dem Feuer brutzelt der Fleischspieß, berauschende Getränke kreisen und links und rechts hält man ein schönes Mädchen im Arm.

Stattdessen bin ich immer noch halb im Eis eingeklemmt und muss mich von der Sonne braten lassen. Da soll es jetzt mal wieder schneien! Da will ich doch lieber in Schnee und Eis begraben sein.

Irgendetwas stampft da auf mich zu! Das ist bestimmt ein Bär... Ich will nicht, dass es ein Bär ist! An mir ist nichts mehr dran! Ich bin nur noch Haut und Knochen. Geh mal schön weiter! Hier oben hast du sowieso nichts zu suchen! Das Stampfen wird leichter, vorsichtiger, kommt aber näher. Da reden zwei! Menschen! Die haben mich wohl gesehen. Hallo, tut mir nichts! Ihr seht ja nur meinen Rücken, wie damals, als der mich von hinten... Menschen? Bären? Was ist gefährlicher?

„Schau doch mal", sagt eine Frau, „was da liegt!"

„Was ist das denn?", antwortet ein Mann. „Was schmeißen die Leute überall ihren Müll hin! Ist das eine Riesenplastiktüte? Das würde mich gar nicht wundern. Bestimmt haben hier Italiener übernachtet. Die lassen doch überall..."

„Oder ist das eine Puppe?", unterbricht ihn die Frau. „Schau doch mal, Helmut!"

„Eine Puppe, Frau!", sagt Helmut laut. „Wieso soll denn jemand hier auf über 3.000 Meter Höhe eine Schaufensterpuppe hochschleppen? Also Erika, denk doch mal nach! Obwohl... Man weiß ja nie. Die Leute schmeißen ja auch Waschmaschinen in den Wald. Man muss nur mal vom Weg abweichen, wie wir jetzt..."

Die beiden kommen näher und ich höre meistens Helmut aufgeregt sprechen: „Es gibt gar keinen Respekt mehr vor der Natur. Die Menschen müssen alles verschandeln! Man nimmt doch wenigstens seinen Müll…"
Da ruft Erika: „Aber das ist ja ein Mensch!"
Lang hat's gedauert, bis sie verstehen. Bin ich denn so schwer zu erkennen? Bestimmt durchsuchen sie mich jetzt, ob sie irgendwas Wertvolles an mir finden.

„Das gibt's ja nicht!", ruft Helmut ein paarmal. Er ist ganz außer sich. Hat er noch keinen Toten gesehen? „Das ist ja wirklich ein ... das gibt's gar nicht, ein Mensch ist das, wirklich ein Mensch! Warte du hier! Ich laufe schnell zu den beiden aus Österreich, mit denen wir gegangen sind und die ins Ötztal absteigen, und sage denen Bescheid..."

Seltsam ist es, wieder menschliche Stimmen zu hören. Schnell entfernen sich Helmuts Schritte. Es ist wieder ganz still. Fein streicht der Wind über mich hinweg. Plötzlich fängt Erika an zu reden. Ich habe sie ganz vergessen: „Du armes Mädchen, was ist dir Schreckliches passiert? Wie lange steckst du denn hier schon im Eis? Du Arme, du! Aber jetzt kannst du beruhigt sein. Jetzt wirst du endlich ein richtiges Grab bekommen. Was nur deine Eltern sagen werden! Ob die noch leben? Du armes Mädchen!"

Bald höre ich wieder schwere Schritte und Helmut rufen: „Die sind schon weg. Ich habe sie nicht mehr gesehen. – Ist es noch da?"

„Ja, freilich!", sagt Erika ganz nah bei mir.

Dann wird es wieder ziemlich still. Die beiden flüstern, als ob ich sie nicht hören soll. Sie schauen sich alles genau an, wie ich da liege, mit dem Gesicht im Schmelzwasser, während die Sonne mir auf den Rücken brennt. In meiner Mulde gehen sie vorsichtig umher, fassen mich aber nicht an. Sie finden meinen Gluteimer aus Birkenrinde, der wohl immer noch zu gebrauchen wäre. Ein guter Eimer!

„Was soll das wohl sein?", fragt Helmut.
Dann finden sie noch etwas, das sie Gummiband nennen. Erika sagt dazu: „Die Arme ist vielleicht beim Skifahren gestürzt", und sie sagt noch ein paarmal: „Die Arme!"
Skifahren? Ich verstehe gar nichts, auch nicht, als Helmut sagt: „Ich mach noch ein Foto und dann gehen wir!"
Was ist das denn für eine Welt, in der ich da aufgewacht bin? Kennen die keine Gluteimer? Die Schritte der beiden entfernen sich. Es ist wieder still, herrlich still, wie ich es gewohnt bin. Mal sehen, ob es so bleibt. Bestimmt schneit es bald wieder und vielleicht verschwinde ich dann in meinem Bett aus Schnee und Eis.
Es dauert nicht lange, da höre ich neue Schritte und wieder Stimmen, diesmal von zwei Männern.
„Do hintn liegt's, i sig sie schun. Kimm, Blaz, kimm!"
„Uh, Markus, das ist wirklich toter Mensch!"
„Schaug amol, wos do nou olls ummerliegt", ruft Markus.
„Wo is was?", fragt Blaz.
„Was da noch alles herumliegt! Die Bretter da oder die gebogenen Hölzer und hier die Schnüre. Die war mit Schneeschuhen unterwegs."
„Oder mit Schlitten", sagt Blaz.
„Mim Rodel? Do heroubm?", ruft Markus. „Und was ist das? Ein Eispickel? Schau mal, wie der gemacht ist, mit einem Klumpen Eisen wie ein Beil. Vom Bergsteigen hatte die Frau jedenfalls keine Ahnung."

Er kommt zu mir und ich spüre seinen Atem.
„Is tot. Lass in Ruh!", ruft Blaz, aber Markus fasst mich sogar an.
„Des sein decht Borthoor. Des isch a Monn, ganz gawiss."
Dieser Markus kommt mir immer wieder ziemlich nahe. Ich muss wüst aussehen, schon weil ich meine ganzen Haare verloren habe. Auch habe ich am Hinterkopf ein Loch, weil ich mit der Stelle vorher schon mal aus dem Eis geragt habe. Aber will ich mich beschweren? Immerhin bin ich noch da und vielleicht wartet ja nun die schöne Feuerstelle auf mich. Aber irgendwie habe ich meine Zweifel. Die beiden sind mir nicht ganz geheuer. Die werden allen Bescheid sagen, fürchte ich. Wo hier nur so schnell die Menschen herkommen? Gibt's hier oben jetzt so viele Jäger und Hirten? Auf jeden Fall ist's jetzt vorbei mit der ewigen Ruhe. Da muss ich mir nichts vormachen. Ich merke, wie wohl ich mich fühle, als diese beiden jungen Männer endlich wieder gehen. Ich freue mich auf die klare kalte Nacht.

Eine Leiche im Eis

Es war Donnerstag, der 19. September 1991, als Helmut und Erika Simon aus Nürnberg den Fund ihres Lebens machten. Sie wollten an diesem Tag eigentlich nicht mehr in den Höhen des Alpenhauptkamms unterwegs sein. Aber am Tag zuvor hatten sie den Abstieg in ihren Südtiroler Urlaubsort nicht mehr geschafft und in der Similaunhütte übernachtet. Am nächsten Tag ließen sie sich von dem strahlend schönen Wetter zu einer weiteren Bergtour verleiten. Auf dem Rückweg kamen sie dann vom ausgewiesenen Pfad ab und mussten einer Mulde, in der sich Schmelzwasser gesammelt hatte, ausweichen. Dort sahen sie plötzlich etwas Braunes aus dem Eis herausragen...

Damit der Eismann überhaupt gefunden werden konnte, spielte also der Zufall eine Rolle. Trotzdem lag der eigentliche Grund ganz woanders: Der Sommer dieses Jahres war außergewöhnlich warm und hatte in den Bergen sowieso mehr Eis zum Schmelzen gebracht als sonst. Dazu kam allerdings, dass schon im Frühjahr durch ein Naturphänomen große Mengen an Saharastaub durch die Atmosphäre getragen worden waren, der sich in den Alpen als dunkle Schichten absetzte. Das führte dazu, dass die Gletscher im folgenden Sommer wie unter einer schwarzen Folie lagen und atemberaubend schnell an Masse verloren. In jenem Jahr war der Eismann deswegen auch nicht die einzige Gletscherleiche, die man in den Alpen fand.

Am 7. August gab ein Gletscher zwei Leichen frei. Als angehende Bergführer waren sie 1953 in eine Gletscherspalte gestürzt. Am 24. August fand sich im Eis die Leiche eines weiteren Bergführers, der 1981 abgestürzt war. Am 29. August entdeckte man die Leichen einer Frau und eines Mannes, die bereits 1934 verunglückt waren: Die beiden hatten ein Dreivierteljahrhundert im Eis überdauert. Am 19. September wurde schließlich jener weitere Mann gefunden – von dem hätte sich niemand vorstellen können, wie lange ihn das Eis bewahrt hatte.

Fernsehbild der Bergung

Wie sie ihn nicht bergen können

In der Nacht ist das Wetter umgeschlagen. Nebel und eiskalter Wind ziehen den Hang entlang. Nicht umsonst stecke ich in dieser Mulde, die ein wenig gegen das Wetter schützt. Trotzdem kann es mir in meinem Zustand wenig anhaben: Ich bin ja nun wie ein Stück Holz.

Schon wieder Krach! Das habe ich noch nie gehört. Das ist ja furchtbar laut. Hat bestimmt nichts Gutes zu bedeuten. Geht da eine Lawine ab? Dann bin ich aber endgültig wieder verschwunden. Wie das dröhnt!

Nein, das Dröhnen wird schwächer, als ob eine Herde Auerochsen mit Gebrüll fliehen würde. Bald kommen wieder Männer auf mich zu. Einer ist wieder dieser Markus. Er sagt: *„Mei, was tatn miar do heroubm ohne an Hubschraubr!* Wenn wir den hier oben nicht hätten! Der Pilot ist ja einiges gewöhnt, aber das war trotzdem nicht lustig, bei dem Sauwetter hier zu landen. *Iatz bin i amol gsponnt, ob des schiache*

Eismandl nou do isch. Schaun S', Herr Gendarm*, zem liegt er nou!"
Herrgendarm ruft heraus, wie ich das schon kenne: *„Des isch net wohr!"*, *„Net zan glabm!"*, *„Jesus Maria!"*, *„Wahnsinn!"*
Jesus Maria? Was soll das denn sein?
Als ich noch überlege, was jetzt wohl geschieht, wird es wieder ganz laut, aber anders. Da rattert etwas, dass die Erde bebt – und zwar direkt neben mir. Es zischt und zittert und schnauft und stöhnt fast wie in einer Schmiede. Die wollen mich aus dem Eis hauen! Was wollen die denn von mir? Mich zu trocknenden Würsten und Schinken in die Ecke stellen?
Langsam komme ich mit dem Oberkörper frei. Die beiden Männer atmen schwer und machen mit ihrem Gerät einen Lärm, als würde ein Wasserfall neben mir herabstürzen.
„I woass net, ob's kloppt", schnauft Herrgendarm. „Es ist

---

* *Im hinteren Teil dieses Buches gibt es ein Glossar – dort sind die Erklärungen zu den Begriffen nachzulesen.*

aber auch sackrisch kalt. *Wenn nur des Wosser nit olm nachlafn tat!* Mit der kleinen Gasflasche, die wir haben, wird der Schrämmhammer auch nicht so lang funktionieren. *Do, ziag noumal an dem Orm!"*
Was rupfen die nur an mir herum? Seid doch vorsichtig! Ah, der fährt mit seinem hämmernden Gerät in mich hinein, schon zum zweiten Mal. Dabei bin ich doch so gut erhalten.
„Hier, mach du mal weiter, Markus!", stöhnt er. *„Und gib Ocht, dass miar nen nit nou mehr hinmochn!"*
Markus macht an mir herum, als würde er einen Baum entwurzeln. Immer wieder reißt und zieht er an meinem Oberkörper. Aber mit den Beinen komme ich nicht frei. Ich bin wirklich gut erhalten. So leicht werde ich nicht gebrochen.
Herrgendarm ruft immer wieder, dass Markus aufpassen soll. Er sagt: „Ich schaue mich noch mal um, was sonst zu finden ist. Vor dem letzten Krieg ist ja hier ein italienischer Musikprofessor verschwunden, Capsoni oder so. Das wird der wohl sein. Wenn der Kinder hatte und die noch leben – *des konn sich jo koaner vorstelln."*
„Hamm S' den Eispickel gesehen, Herr Gendarm", brüllt Markus zurück, dass es im Ohr wehtut. „Schauen S'mal, wie der gearbei-

tet ist! – *Jessas, iatz isch des Gas leer und der steckt olleweil no fescht!"*

Plötzlich ist es wieder still. Die beiden entscheiden, mich liegen zu lassen und am nächsten Tag zurückzukommen. Sie sagen, dass sie nun den Hubschrauber rufen werden. Herrgendarm spricht immer wieder von dem Eispickel, dass man den gut im Museum ausstellen könnte. Hubschrauber? Museum? Ich verstehe gar nichts. Ich bin doch einiges gewohnt, aber irgendwie wird mir nun ganz anders. Wenn ich mich nur wehren könnte!

Am nächsten Morgen kommen Markus und Blaz wieder. Die beiden scheinen hier oben zu wohnen, in der Similaunhütte*, wie sie sagen. Sie wollen mich zum Schutz mit einer Folie abdecken. Als ich das zu verstehen versuche, liege ich schon im Dunkeln. Ein dünnes kaltes Tuch liegt über mir, auf das die beiden noch Schnee werfen. Ich höre noch Blaz sagen: „Hubschraubr kommt erst mal nix. Hat am Wochenende zu tun mit Unfälle."

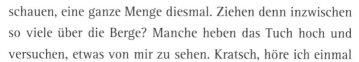

Auch am nächsten Tag dauert es nicht lange, ehe wieder Leute bei mir vorbeischauen, eine ganze Menge diesmal. Ziehen denn inzwischen so viele über die Berge? Manche heben das Tuch hoch und versuchen, etwas von mir zu sehen. Kratsch, höre ich einmal und weiß, dass einer auf meinen Gluteimer getreten ist. Schade, den hätte doch sicher noch jemand brauchen können. Na ja, ist aber auch schnell neu gemacht.

Abends kommen gleich fünf Leute vorbei. Besonders einer von ihnen scheint wichtig zu sein. Er wird ständig angeredet als Reinhold oder Herrmessner*. Der scheint sich wohl gut mit Toten auszukennen. Er will die anderen unbedingt davon überzeugen, dass ich schon alt sei, sehr alt sogar.

„Dieser Capsoni ist er ja nicht", sagt er, „das ist in der Zwischenzeit klar. Den haben sie schon nach elf Jahren gefunden. Aber der hier hat ja wohl Leder und Felle als Kleidung gehabt. Seht mal durch das Eis! Der hat auch Schuhe aus Leder, ausgestopft mit Stroh."

Sie hacken weiter an mir herum. Einer sagt: *„Wenn i nur an Pickl hätt!"* Er nimmt dann ein Stück Holz von meiner Trage und pickelt damit im Eis herum.

Herrmessner nimmt dann meinen Kopf und hebt ihn hoch. Er schaut mir direkt ins Gesicht. Ich denke: Mit seinem Bart sieht der eigentlich so aus wie ich.

„Mindestens 3.000 Jahre", sagt er kühl und lässt meinen Kopf wieder sinken.
„Na ja", entgegnet ein anderer. „Übertreiben wir mal nicht! Vor 3.000 Jahren waren die Menschen wohl noch nicht hier oben in den Alpen unterwegs. 500 Jahre, das ist in Ordnung. So alt ist der aber bestimmt."
Sie legen dann wieder das dünne kalte Tuch auf mich, das keinen Tropfen Wasser durchlässt. So habe ich erst mal wieder meine Ruhe. Trotzdem kommen auch am nächsten Tag immer wieder Menschen vorbei, die anscheinend von mir gehört haben. Die müssen hier oben eine Siedlung angelegt haben. Manchmal klackt es dann und blitzt, wenn sie das komische Tuch von mir herunterziehen. Die Menschen haben anscheinend ein paar neue Dinge erfunden. Mir ist längst klar, dass sie bald kommen werden, um mich ins Tal zu bringen, vielleicht sogar zu meiner Feuerstelle. Jetzt müssen sie nahen, die wunderbaren Zeiten! Vielleicht holen sie sogar eine Trage.

Konservierte Menschen

Von Anfang an war nach dem zufälligen Fund des Eismannes nur schwer zu begreifen, wie alt diese Leiche tatsächlich sein sollte. Es war bis dahin kein Fall bekannt, dass ein Mensch körperlich unversehrt über so lange Zeit erhalten geblieben wäre – ganz ohne menschliches Zutun! Sonst waren Tote präpariert worden, um nicht den Lauf aller Dinge zu nehmen, also zu verwesen: Das bekannteste Beispiel sind die Mumien des alten Ägypten. Diesen Leichen hat man alle Weichteile entfernt und den Körpern künstlich die Feuchtigkeit entzogen. Ähnliche Mumien sind aus Kulturen der Indios überliefert. Die besten Beispiele von Mumifizierung gibt es aus dem alten China, wo man es schaffte, menschliche Körper wie lebensecht zu erhalten. Auch in heutiger Zeit gibt es dafür Beispiele:

Konservierte Leiche Lenins

Das bekannteste ist der Leichnam des Revolutionärs Lenin, der mithilfe neuster wissenschaftlicher Verfahren wie ein Heiliger konserviert wurde. Sonst gibt es mittlerweile Hunderte von Leuten, die sich nach ihrem Tod einfrieren lassen, weil sie darauf hoffen, in späteren Zeiten, wenn es die Wissenschaft angeblich zulassen würde, wiederbelebt zu werden.

Den Eismann dagegen hatte die Natur zufällig wieder freigegeben, so wie sie ihn in einer Laune überhaupt erst erhalten hatte. Und dazu war nicht nur *ein* Zufall nötig: Normalerweise würde ein toter Mensch auch im hohen Gebirge verwesen. Zuerst würden ihn Tiere wie Geier oder Raben zerreißen, dann Insekten und Bakterien zersetzen. Manchmal aber werden Menschen eingeschneit oder stürzen in eine Gletscherspalte. In solchen Fällen wandelt sich das Körperfett der Leiche in eine wachsähnliche Substanz um und es entsteht eine sogenannte Fettwachsleiche. Diese wird dann in der Regel durch die ständige Bewegung des Eises in Stücke gerissen.

Der Eismann ist jedoch im modernen Sinn schockgefroren oder gefriergetrocknet. Dazu muss er unter einer zunächst lockeren Schneedecke kalten trockenen Winden ausgesetzt gewesen sein, sodass ihn Aasfresser nicht entdecken konnten. Erst danach muss ihn nach und nach so viel Schnee bedeckt haben, dass dieser sich zu Eis verwandelte und ihn schließlich einschloss. Weil er aber zugleich in einer Mulde lag, konnte sich der Gletscher, der sich in späterer Zeit bildete, über ihn hinwegschieben, ohne seine Leiche zu zerreißen.

Wie sie ihn aus dem Eis holen

Einen Tag später bin ich wieder zugeschneit. Vielleicht ist das besser so. Vielleicht soll ich doch erst nächstes Jahr oder erst in zehn Jahren an meiner bequemen Feuerstelle sitzen. Aber dann höre ich wieder Schritte im Schnee und über mir ein Kratzen, ehe wieder jemand dieses kalte Tuch von mir zieht. Viele Menschen sind wieder gekommen, und das bei dem Sauwetter! Die müssen magische Kräfte haben, um immer so schnell bei mir zu sein.

„Grüß Gott! Henn ist mein Name, Rechtsmediziner*", sagt einer, aber wohl eher nicht zu mir. „Ich habe schon gehört, dass Sie die Bergung sogar filmen. Dann wollen wir mal zusehen, dass alles korrekt abläuft. Wo man nicht überall ermordet werden kann!"

Woher Henn wohl weiß, was mir zugestoßen ist? Er kommt zu mir und zieht das Tuch zur Seite. „Na, der ist wirklich schon länger tot", brummt er und sagt dann laut zu einem anderen: „Jetzt stellen Sie sich nicht so an! Sie können den ruhig anfassen. Der ist ja schon hart wie eine Speckschwarte. Aber bitte, wenn Sie wollen: Hier habe ich auch Handschuhe dabei."

Da fasst mich Henn am Kopf und will mich daran hochheben. Aber er stöhnt auf: „Das gibt's ja nicht: Der lässt sich ja gar nicht bewegen. Ich dachte, die Leiche wäre frei zum Abtransport. Die ist ja noch festgefroren."

„Sie war frei", druckst einer herum. „Aber wenn das Schmelzwasser wieder friert... Haben wir denn kein Werkzeug dabei?"

„*Na*", sagt ein anderer wütend, „*des hobm miar extra ausm Hubschraubr ausglodn, dass er nou leichter weard. Es hot decht ghoassn, miar miassadn die Leich lei ouholn!*"

„Was machen wir denn jetzt?", höre ich ein paarmal.

„Da, ein Bergsteiger!", ruft plötzlich jemand. „Der kommt ja wie gerufen."

Es dauert nicht lange, dann pickeln sie wieder an mir herum.

„Ziehen Sie auch mit dem Skistock da am Arm!", ruft Henn. „Keine Angst, so schnell bricht da nichts ab! Warten Sie, ich pack den jetzt an den Füßen!"

Sie ziehen und drücken und hebeln mich aus dem Eis, als wenn man Fleisch vom Knochen löst. Plötzlich liege ich auf dem Rücken. Wie schön, den Himmel wiederzusehen! Alle starren mich an. Mein Gesicht muss wohl etwas verunstaltet sein, so wie die alle schauen. Sie stehen da mit offenem Mund. Kein Wunder: Der hat mir ja damals zum Abschluss noch richtig eine versetzt.

Henn beugt sich zu mir und schaut mich an. Er hat ein ganz glatt geschabtes Gesicht wie fast alle, die um mich herumstehen. Ich sehe keine einzige Stoppel. Wie macht der das? Der muss doch mindestens mein Alter haben. Wächst den Männern heute kein Bart mehr?

Henn dreht mich hin und her, als wäre ich ein Stück Holz zum Schnitzen. Dann richtet er sich auf und sagt ziemlich laut, als würde er für alle sprechen: „Zähne abgekaut, ziemlich abgeschliffen. Teilweise mumifiziert. Ist also sicher schon einige Zeit an der Luft gelegen, bevor er dann ins Eis gelangt ist. Kleider? Leider nichts mehr. Mehr können wir an Ort und Stelle nicht sagen."

Er hebt mich hoch und dreht mich hin und her. Das geht ganz leicht. Ich bin wirklich nicht mehr als ein Stück Holz. Zweimal lässt er mich auch fallen. Vielleicht macht ihm das Spaß, weil ich mich nicht mehr wehren kann. Zum Schluss dreht er mich wieder auf den Bauch, als soll ich ihn nicht mehr sehen. Dann steckt er mich in einen Sack. Der wird noch zweimal aufgemacht. Sie schieben meine ganze Ausrüstung mit hi-

nein, die sie auf einen Haufen zusammengeworfen haben, auch meine Kleider, die sie gar nicht erkannt haben. Sogar mein Bogen* ist dabei, obwohl sie den leider abgebrochen haben, weil der nicht aus dem Eis rauskam.
Henn sagt noch: „Lassen wir den Sack ein Stück offen. Der fängt ja schon an zu müffeln."
Einer packt mich und trägt mich fort wie einen Haufen Knochen nach einem Festschmaus. Plötzlich ist da wieder dieser ohrenbetäubende Lärm. Und dann fliege ich durch die Luft. Geht es jetzt in den Himmel? Warum komme ich nicht ans knisternde Feuer? Ich fliege!

Aber es geht nicht hinauf, sondern hinab. Immer wärmer wird es. Ob ich bald meine Siedlung wiedersehe? Dann werden die Kindeskinder meiner Lieben erkennen, was mir angetan wurde, und sie werden mich rächen.

Plötzlich liege ich am Boden und der Lärm wird schwächer und hört auf. Es ist warm und jemand öffnet den Sack. Uh, ich dampfe in der Wärme!

„Herr Klocker", höre ich, „Sie bringen also die Leiche nach Innsbruck zur rechtsmedizinischen Untersuchung? Einen schönen Sarg haben Sie da gezimmert! Tanne?"

„Fichte – Fichte isch des", sagt Herrklocker nur mit weit aufgerissenen Augen.

Rechtsmedizin, Sarg? Als ich noch überlege, heben die beiden meinen Sack schon wieder hoch und legen mich in den Kasten, über den sie gerade gesprochen hatten. Toll... Dann wird es wieder dunkel, als sie noch einen schweren Deckel auf den Kasten legen – aber nicht ganz dunkel. Mein linker Arm steht noch heraus. Herrklocker kennt da nichts: Au! Er biegt mir den Arm zurecht, bis er in den Kasten passt. Dabei knackst es laut.

Es rüttelt und schüttelt. Dann ist wieder Ruhe. Der Kasten wird aufgemacht. Wieder schaut ein fremder Mensch vorsichtig wie ein Dieb nach mir und hält sich die Nase zu. „Der riecht aber schon ganz schön streng", sagt er.

„I hon an Hunger", sagt Herrklocker nur. *„Es isch Mittog."*

„Ich würde an Ihrer Stelle schnell weiterfahren", sagt der an-

dere Mann, „sonst kann man den nur noch mit der Wäscheklammer auf der Nase anschauen."

Mürrisch legt Herrklocker den Deckel wieder auf. Hitze – Rütteln – Stimmen – der Kasten wackelt.

Herrklocker sagt dann noch: *„Jetzt hon i ober an Mordshunger. I fahr schnell hoam zu meiner Oltn."*

Plötzlich bin ich in einer ganz anderen Welt. In einem kühlen Raum werde ich erst aus dem Kasten gehoben, dann aus dem Sack. „Ich mach mal schnell alle Fenster auf!", sagt jemand. Ich liege mit dem Rücken auf einer kühlen Platte. Um mich herum stehen Männer in weißer Kleidung. Über mir wird es plötzlich hell, schlimmer, als würde mir die Sonne direkt ins Gesicht scheinen. Nein, das ist wieder nicht mein Feuerplatz. Mir ist das alles gar nicht geheuer.

Die Bergung der Gletschermumie

Wenn man bedenkt, mit welcher Sorgfalt heute die Mumie des Eismannes behandelt wird, ist es gar nicht zu glauben, wie ihre Bergung vonstatten ging. So vieles ist dabei zerstört worden, auch die Mumie selbst! Mit einer Art Presslufthammer zerriss man ihre linke Hüfte. Vor allem wurde die Fundstelle zerstört. Für die Wissenschaftler wäre es sehr wichtig gewesen zu wissen, in welcher genauen Lage die Mumie im Eis lag und wie die Ausrüstungsgegenstände um sie verteilt waren. Daraus hätte man ganz eigene Rückschlüsse auf den Tod des Eismannes ziehen können. Doch man ließ am Anfang wertvolle Zeit verstreichen, in der viele Menschen den Fundort aufsuchen und dort herumgehen konnten. So nahm sich sogar eine Wissenschaftlerin eines der Glutgefäße mit nach Hause. Auch die italienischen Grenzbeamten, die schließlich zur Bewachung abgestellt wurden, bedienten sich und nahmen etwa Stücke der Fellkleidung mit, die erst nach Monaten ausgetrocknet abgeliefert wurden.
Besonders schlimm war die Bergung selbst: Mit brachialer Gewalt löste der zuständige Rechtsmediziner Professor Dr. Rainer Henn die Mumie aus dem Eis. Dann hielt er sie abschätzig wie eine erbeutete Trophäe in die Kamera. Henn stocherte sogar noch mit Skistöcken an der Fundstelle herum. Dabei gibt es nicht einmal die Entschuldigung, man hätte die Bedeutung des Fundes nicht erkennen können. Schließlich war extra das österreichische

Fernsehen gekommen. Der berühmte Bergsteiger und Abenteurer Reinhold Messner hatte schon zuvor gesagt, er halte die Leiche für sehr alt. Noch während der Bergung fand man auch das Messer des Eismannes, mit einem Holzgriff und einer Klinge aus Feuerstein. Spätestens da hätte noch jedem aufmerksamen Zeitgenossen klar sein müssen, welche Bedeutung der Fund hatte. Dass man die Mumie schließlich nur in die nächste Ortschaft flog, um sie dann im Leichenwagen transportieren zu lassen, war nur noch die Krönung des Ganzen. Der Grund lag schlicht darin, dass man die Gesetze einhalten wollte: Danach waren Leichen nun mal im Leichenwagen zu transportieren. Die Bedeutung des Fundes überstieg wirklich die Vorstellungskraft all jener, die einfach nur ihre Arbeit machten.

Die Nachuntersuchung der Fundstelle

Wie sie ihn erkennen

Ich verstehe immer noch nicht ganz, in welcher Welt ich gelandet bin. Ich liege immer noch auf einer Platte, die Seziertisch genannt wird. Inzwischen bin ich schon fast ganz aufgetaut. Wieder stehen andere Männer um mich herum. Einer heißt Oberarzt, einer Staatsanwalt und ein anderer Untersuchungsrichter. Wieder beäugen sie mich von oben bis unten und stellen alles Mögliche an mir fest. Wie genau die Menschen doch geworden sind! So genau haben wir noch nicht mal die Waren angeschaut, die wir woanders eingetauscht haben – außer wenn wir Schafen ins Maul schauten, ob nicht zu alte dabei waren. Mit mir machen sie auch das noch viel gründlicher.

Immerhin weiß ich nun, dass ich wirklich nicht mehr ganz hübsch aussehe. Aber ich bin ja auch ein alter Mann. Einer Frau wird gesagt, sie soll nun alles aufschreiben. Sie malt viele platte weiße Dinger voll, während der Oberarzt in einem fort zu ihr spricht:

„Durchnässte Leiche eines hochgradig mumifizierten, äußerlich ockerfarbenen bis bräunlichschwarz gefärbten Menschen... Keine Haupt-, Körper- oder Geschlechtshaare... auch die Nägel nicht mehr gegeben... Die Leiche relativ leicht, das Gewicht wird zwischen 20 und 30 Kilogramm eingeschätzt. Die Länge wird über dem linken Bein mit 153 Zentimeter an-

gegeben... In den Augenhöhlen noch die vertrockneten Augäpfel erkennbar... die Kauflächen deutlich quer abgekaut... Die äußeren Geschlechtsteile blattartig, höchstwahrscheinlich männlich, vertrocknet... In der unteren Rückenregion finden sich vier Gruppen längs gestellter, grauschwärzlicher, strichartiger Hautverfärbungen. Die Einzelstriche haben eine

Länge von ca. 2,8 bis 3,0 Zentimeter und eine Breite zwischen zwei und drei Millimeter."

Vielleicht prüft er so, ob ich für die neue Welt geeignet bin. Können die einen armen alten Knochen wie mich nicht einfach in Frieden lassen? Ich habe wirklich nichts gegen Neues, aber das hier ist mir doch zu viel. Die Hoffnung, einfach nur irgendwo gemütlich am Feuer zu sitzen, habe ich längst aufgegeben. Irgendwas ist da schiefgelaufen. Soll das wirklich mein zweites Leben sein? Aber warum kann ich mich dann nicht bewegen und bin steif wie ein Stock?

Auch die Männer um mich herum wissen nicht so genau, was sie mit mir anstellen sollen: Die einen wollen mich wohl begraben, christlich, wie sie betonen, aber darunter kann ich mir nichts vorstellen.

Wir haben unsere Toten ganz *menschlich* beerdigt: Wir haben ihnen schöne Gräber gebaut, in denen sie einzeln oder zusammen liegen konnten. Ich hätte gern mit meiner Familie zusammengelegen. Dazu hatten wir angefangen, große Steingräber zu bauen, die man mehrmals benutzen konnte: Wenn über die Toten irgendwann keiner mehr Bescheid wusste, konnte man die Knochen zusammenkehren, verbrennen und das Grab neu befüllen.

Wir haben den Toten immer alles mitgegeben, was sie in ihrem zweiten Leben gebrauchen konnten. Wenn einer schönen Schmuck hatte, sollte er darauf im Jenseits nicht verzichten.

Manche haben auch das Mark und das Gehirn der Toten gegessen, damit sie ihre Kräfte aufnehmen konnten. Das war aber nie meine Sache und vielleicht kann ich von Glück sprechen, dass in dieser Hinsicht bei mir nicht mehr viel zu holen ist.

Auf jeden Fall glauben die Männer, die sich christlich nennen, wohl nicht daran, dass ich wiedergeboren bin. Sie haben aber anscheinend nicht so viel zu sagen und sprechen immer nur leise und heimlichtuerisch.

Das Wort führen die anderen – sie sind in der neuen Welt anscheinend die Zauberer. Sie wollen mich, wie sie sagen, konservieren. Ich höre Worte wie *Kühlkammer* und *Permafrostbedingungen* und *Zersetzungsprozesse.*

Wir haben auch manchmal versucht, die Toten zu erhalten. Ein Vetter von mir hat seine tote Frau viele Tage in der Sonne dörren lassen, so wie man auch frisches Fleisch haltbar machen kann. Er hat sie dann zu sich in die Hütte gesetzt. Aber sie hat zu schlimm gestunken und er hat sie dann doch unter die Erde gebracht. So hat sie wenigstens nicht mehr über ihn bestimmt. Ihr Gehirn hatte er mit Absicht nicht gegessen.
Aus anderen Siedlungen haben wir gehört, dass die Bewohner aus den Toten die Innereien herausgeschnitten und die Körper danach gedörrt haben. Aber auch wenn das gut geht, stellt sich am Ende immer die Frage: Wohin mit den Leichen? Die Tiere holen sich ja doch bald die Reste.

Jedenfalls wird mir bei dem Wort Konservierung inzwischen ziemlich mulmig. Ich höre es immer öfter. Die Männer wollen mich wohl nicht vergehen lassen, weil sie mich immer mal wieder untersuchen wollen. Wenn sie so sprechen, nennen sie mich meistens „Feuchtmumie". Ein schönes ewiges Leben steht mir da bevor! Einer dieser Männer sagt: „Jetzt müssen wir den Glauben mal beiseitelassen und ganz wissenschaftlich denken! Unser Eismann ist eine solche Sensation, der hat einfach ein ewiges Leben verdient. Und wenn wir ihn nett ausstellen, dann ist das für ihn doch wie im Himmel!"

Alle stimmen ihm zu, auch wenn ein paar murren. Einer sagt, sie würden einen Trick anwenden: Sie würden mich unter *Denkmalschutz** stellen. Ich hätte ja seltsame Zeichnungen auf der Haut und zusammen mit meiner Bekleidung wäre ich insgesamt ein Denkmal, und das sei schützenswürdig und dürfe nicht verändert werden. Sie lachen, als sie das sagen, wie man über einen guten Witz lacht. Aber auch ich freue mich. Zum einen, weil ihnen die Zeichnungen auf meiner Haut gefallen, und zum anderen, weil ich ja jetzt anscheinend doch in den Himmel komme. Zwar wird es dort sicherlich keinen schönen Feuerplatz geben, aber eine gemütliche Kammer nur für mich. Die wollen sie extra für mich bauen.

Bestattungen in der Frühzeit

Der Eismann wurde aufgefunden, als wäre er direkt aus dem Leben gerissen, in seiner hochgebirgstauglichen Kleidung, mit seinen Waffen, auch mit dem Kupferbeil. Besonders dieses Beil macht den Fund und seine Einordnung so spannend: Es entspräche in seinem Wert heute wohl dem Jahreslohn eines Gymnasialdirektors.
Selbst wenn der Mann im Eis eines natürlichen Todes gestorben wäre, hätte man das Beil bei ihm gefunden. Vor 5.000 Jahren gehörte es zum guten Ton, den Verstorbenen ihren wertvollsten Besitz mit ins Grab zu geben. Die Toten bekamen diejenigen Dinge mit, die ihnen im Leben wichtig waren. Daraus lässt sich schließen, dass es einen allgemeinen Glauben an ein Jenseits gab. In diesem zweiten Leben sollte es den Toten an nichts mangeln, weder an Trinkgefäßen noch an Schmuck oder an Waffen.
Der Umgang mit den gestorbenen Mitmenschen war damals nicht so distanziert wie heute. Man stellte sich die Toten als noch anwesend vor. Das ging wohl sogar so weit, dass man ihr Gehirn aß, um sich ihren Geist einzuverleiben. Künstlich geöffnete Schädel deuten darauf hin.

Das vollständig erhaltenen Kupferbeil des Eismannes.

Bedeutenden Personen baute man bedeutende Gräber. In bestimmten Kulturen waren es sogenannte Megalithgräber: Dabei legte man flache Steinblöcke aufeinander und schuf so Gewölbe für die sterblichen Überreste. An einer Stelle ließ man aber immer ein Loch frei, das Seelenloch. Es diente wahrscheinlich dazu, den Geist der Toten entweichen zu lassen oder mit den Toten in ihren Gräbern zu sprechen. So standen sie weiterhin in Verbindung mit den Lebenden.

Immer wieder wird spekuliert, ob der Eismann ganz bewusst in der Mulde in den Bergen bestattet worden war. Dass er sein wertvolles Beil dabeigehabt hatte, wäre ein Zeichen dafür. Aber ob ihm seine Rückentrage, die Schnüre und Netze oder seine Ahle im Jenseits auch so wichtig gewesen wären? Alles deutet darauf hin, dass er in den Bergen überfallen und getötet worden war. Die entscheidende Frage aber bleibt: Warum fledderte der Mörder die Leiche nicht? Warum nahm er noch nicht einmal einige seiner wichtigsten Ausrüstungsgegenstände an sich, vor allem das wertvolle Kupferbeil?

Es gibt bestimmte Rätsel, an deren Lösung sich die Menschheit schon lange versucht: Warum starb der Neandertaler aus? Gab es Homer? Wer war Kaspar Hauser? Seit 1991 ist der Tod des Eismannes eines davon.

Wie sie ihn schützen wollen

Wie ich höre, gibt es meinetwegen große Unruhe. Anscheinend sind alle möglichen Leute hinter mir her: Sie würden alles Mögliche bieten, um an mich heranzukommen. Ist auch mein Häscher unter ihnen? Ist er schon wieder hinter mir her? Wie wichtig mein Schutz ist, erkenne ich auch daran, dass ich wie ein erbeutetes Reh auf einem Geheimpfad in einen sehr kühlen Raum gebracht werde, der abgesperrt wird. Trotzdem werde ich dort immer wieder herausgeholt.

„Wenn die ganze Meute von Journalisten draußen wüsste, dass wir hier diesen unterirdischen Gang haben", sagt einer der Männer, „dann würden sie auch dort noch auf uns lauern!"

Wieder einmal werde ich auf den Tisch mit dem grellen Licht gehoben und wieder erscheint ein neuer, der sich über mich beugt und „Jesus Maria!" sagt.

„Einen schönen guten Tag miteinander!", höre ich, „Herr Reithofer ist als pensionierter Schuhmachermeister ein Experte in Sachen Altersbestimmung. Seiner Erfahrung ist es zu verdanken, dass wir schon viele Leichenfunde zeitlich genau zuordnen konnten. Herr Reithofer, bitte schreiten Sie zur Tat!"

Herrreithofer macht sich daran, mir den rechten Schuh auszuziehen, der mir bis dahin noch am Fuß geblieben ist. Ich habe mir die Schuhe so schön gemacht und für die Sohle

sogar Bärenleder genommen. Ich konnte sie dick mit Heu ausstopfen und so auch bequem über weite Schneefelder steigen. Nur nass durfte der Untergrund nicht sein,
dann waren die Schuhe sofort durchgeweicht.
Herrreithofer schüttelt den Kopf. „Na", sagt er, *„des ho i freilich no nia gseng. Des stammt a ned aus der Kaiserzeit, wann's ja..."*
„Danke, Herr Reithofer, haben Sie vielen Dank!", unterbricht ihn einer der Männer und klatscht in die Hände, als wäre er ganz außer sich vor Freude: „Wahnsinn, was wir hier haben! Es ist gewiss: Das ist eine Sensation!"
Es steht also längst fest: Ich soll etwas ganz Besonderes sein – noch viel wichtiger, als ich es früher schon war. Und da hatte ich immerhin schon mein Kupferbeil! So was konnte sich nicht jeder leisten. Das hat schon was hergemacht. Wie ich manchmal die Klinge besonders geputzt habe, damit sie schön glänzt... Damit ließ sich viel Eindruck schinden. Auch heute sind die Menschen anscheinend ganz scharf auf so was. Mein Beil wollten sich alle unter den Nagel reißen.
Aber nun soll ich noch mehr Bedeutung haben. Sie sagen, ich soll der älteste erhaltene Mensch der Welt sein. Immer sprechen sie dabei von Hunderten und Tausenden von Jahren vor Christus. Der muss also auch ein ganz besonderer Mensch

gewesen sein, wenn ständig alle von ihm sprechen. Ich verstehe das alles nicht, weder den Christus von damals noch das Quetscheis von heute, von dem sie jetzt schon wieder anfangen.

Manchmal werden sie ganz hektisch: „Das kann doch nicht sein, dass der hier immer wieder auftaut!", höre ich oder: „Mit dem muss doch was passieren! Schaut doch mal die Stellen hier! Der fängt ja schon an zu schimmeln!"

Einmal schreit sogar ein Mann herum: „Es muss jetzt mal Schluss sein, den wie einen toten Tagelöhner zu behandeln! Was soll denn die Welt denken! Dass wir den schon wie ein Stück Erz aus dem Eis geschrämmt und gepickelt haben, das darf man ja gar nicht laut sagen! Dieses Prachtstück ist der älteste Mensch, der erhalten ist, *Herrgottsakra!* Den kann man doch nicht immer nur so in den Kühlschrank stellen wie eine angeschnittene Salami!"

Bald werde ich ständig mit Wasser besprenkelt. Ich erfahre, was es mit dem Quetscheis auf sich hat und was sie mit mir vorhaben: Ich soll wieder so gelagert werden wie zuvor in der Mulde. Nur wollen sie mich dorthin nicht zurückbringen. Schade eigentlich, aber ich soll eine eigene Kammer bekommen – nach wie vor. Nur gebaut haben sie die noch nicht. Darüber wird nämlich auch gestritten. Sie sind sich nicht einig, wo meine Kammer hinsoll und wo ich hingehöre: Bin ich aus Österreich oder Italien? Ich halte mich da raus. Verstehe auch nicht ganz, was sie meinen. Anscheinend haben sie das ganze Land in riesige Jagdreviere aufgeteilt. Sie sagen, es käme darauf an, wo genau die Grenze verläuft, dort oben in den Bergen, wo sie mich gefunden haben.

Anscheinend gibt es heute einen Stamm von Leuten, der sich von den anderen abgrenzt: Ein Teil der Berge gehört zu den einen, der andere zu den anderen. Wieso soll das wichtig sein? Haben sie dort oben einen Zaun aufgestellt? Aber über den könnte doch jeder hinübersteigen. Da ist doch sowieso kaum jemand unterwegs. Oder doch? Die waren ja immer so schnell bei mir, nachdem sie mich gefunden haben! Jedenfalls soll ich im Moment wohl zum Stamm der Österreicher gehören, die sich dagegen wehren, dass ich zu den Italienern geschlagen werde.

Was geschieht, wenn ich nun zu den anderen komme? Vielleicht ist der ja so einer, der mich hinterrücks... Vielleicht hackt der mich kurz und klein, damit ich endgültig aus dem Weg geräumt bin. Zum Glück habe ich noch etwas Zeit. Einer der Männer erklärt, dass ich erst einmal ohne Probleme dableiben könne. Denn so seien die Gesetze: Ich bin ein Kulturgut und stehe unter Denkmalschutz. Deshalb darf ich zwei Jahre zur Untersuchung in österreichischem Besitz bleiben. Bis dahin will man mich „schützen", höre ich, und das kann ja nicht schaden. Was sie vorerst mit mir machen wollen, fasst einer so zusammen: „Wir müssen die Bedingungen wie im Gletscher wiederherstellen: ihn also bei hundert Prozent Luftfeuchtigkeit tieffrieren. Dazu legen wir die Kühlzelle

mit Eis aus und wickeln den Lackel in ein Tuch, um das wir Quetscheis legen. Darum wickeln wir Folie, um die wieder Eis kommt, und darum dann noch eine Folie, und darein stecken wir Feuchtigkeitsfühler. *Da soll uns no oana sang, mia dadn gschlambad oawatn!"*
Immer mal wieder soll ich aus dem Kühlraum herausgenommen und ausgewickelt werden. Dann werden sie wieder an mir herummachen, in mich hineinstechen und -schneiden und mich abtupfen und beleuchten und „Jesus Maria" und „Wahnsinn" sagen. Aber das soll nie länger als 30 Minuten dauern – ist wohl nicht so besonders lang. Ich soll nämlich nicht wieder zu tauen anfangen. Danach werde ich immer lange Zeit Ruhe haben, zwei Tage mindestens, um wieder richtig durchgefroren zu sein. Ich bin zufrieden. Da habe ich dann mehr Ruhe als jetzt. Außerdem fange ich an, mich an das Getue zu gewöhnen.

Staatsgrenzen und Südtirol

Der Fund der Gletscherleiche berührte ein heikles politisches Thema in der Geschichte zwischen Italien auf der einen Seite und Österreich und Deutschland auf der anderen.

Als nach dem Ersten Weltkrieg in Europa die Grenzen neu gezogen wurden, gelang es Italien, sich einen großen Teil des Landes Tirol zu sichern, der ganz und gar deutsch war: das heutige Südtirol. Nach langen Jahren der Unterdrückung gibt es heute eine befriedigende Lösung für dieses Gebiet. Südtirol ist weitgehend autonom: Es kann über die meisten seiner Angelegenheiten selbst entscheiden.

Der Fund des Mannes im Eis riss plötzlich alte Wunden wieder auf: Sollte man in der italienischen Hauptstadt Rom darüber entscheiden, was mit einem bedeutenden Fund auf Tiroler Gebiet geschähe? Dabei musste aber zuerst geklärt werden, ob Italien wirklich Ansprüche darauf hatte. Es ging darum, wo genau in den Bergen die 1919 festgelegte Grenze zwischen dem österreichischen Tirol und dem italienischen Südtirol verläuft. Im Prinzip war die Trennlinie entlang der Wasserscheide zwischen den Flüssen Inn und Etsch gezogen worden. Zu jener Zeit hatten allerdings noch meterhohe Eis- und Schneemassen das Gebiet bedeckt, sodass die Wasserscheide gar nicht zu bestimmen war. Daher hatte man die Grenze nach Augenschein festgelegt.

Die Frage, ob der Eismann Österreicher oder Italiener sei, berührte aber nicht nur die Geschichte der beiden Länder. Die Antwort darauf hatte wegen der unterschiedlichen Gesetze in dem einen und anderen Land ganz unterschiedliche Folgen: Wem genau würde die Leiche gehören, einem Institut, einem Museum, einer Gemeinde, einem Land? Wem das Kupferbeil, der Bogen, die Mütze aus Bärenfell, die man später fand? Sollte und musste es einen Finderlohn geben?

Auf jeden Fall musste die Grenzlinie ganz neu ausgemessen werden. Das Ergebnis war immerhin eine Bestätigung für die außerordentlich genaue Arbeit der damaligen Vermessungsingenieure. Es zeigte eindeutig: Die Fundstelle lag auf italienischem Staatsgebiet. In Rom drängte man daher energisch auf die Herausgabe des Fundes. Am Ende erkannte man aber die besondere Empfindlichkeit Südtirols, zumal es in dieser Angelegenheit zu einem Schulterschluss zwischen den Tirolern im Norden und Süden kam. Man einigte sich darauf, die Angelegenheit sozusagen unter sich zu klären: Man würde die Mumie im österreichischen Innsbruck untersuchen und dann im italienisch-südtirolischen Bozen endgültig aufbewahren.

Wie sie seinetwegen in Streit geraten

Sie haben mir längst alles abgenommen, was mir gehörte: Mein Beil war ihnen das Wichtigste. Auch meine Schuhe, meine Kleider, mein Lendenschurz, mein Gürtel, mein Messer – das alles haben sie weggebracht: in ein Museum. Sie waren deswegen ganz aufgeregt und haben sich gefragt, ob sie das wohl ohne Schwierigkeiten über die Grenze* bekämen. Grenzen scheint es heute überall zu geben.
Erst sammeln sie meine Ausrüstung ein wie Brennnesseln für einen Sud, dann breiten sie die plötzlich auf einem Tisch aus wie Edelsteine. Nun wollen sie sich sogar wieder zum Ort meines Todes aufmachen, um ihn richtig gründlich zu untersuchen. Da geht es auch wieder um die Grenze. Jetzt bin ich bei den Österreichern, aber selbst wenn ich zu den Italienern käme, wäre ich eigentlich gar nicht bei den richtigen Italienern, wie ich höre, weil die hinter der Grenze im Grunde auch Österreicher sind. Was für Zeiten!
Ich bekomme das ja immer nur mit, wenn sie mich auf den Tisch legen, um mich irgendjemandem zu zeigen. Aber meistens schimpfen sie da herum wie die Wilden. Einer ruft voller Empörung: „Jetzt haben doch diese Italiener die Fundstelle abgesperrt und wollen uns nicht mehr hinlassen! Unsere Gendarmen mussten ihre Dienstausweise vorzeigen und diese… diese… na, ich sag nur: 1919… die haben sogar die Nummern

der Ausweise aufgeschrieben und weitergeleitet. *Geah weiter!* Und dann haben sie die Unseren aufgefordert, doch bitte schön das italienische Staatsgebiet zu verlassen, und das dort oben, als es schon dunkel wurde. Sie durften dann gnädigerweise in der Similaunhütte nächtigen, die ja auf italienischem Gebiet liegt, wobei sie aber ihre Uniformen ablegen mussten. Dass sie die Unseren nicht noch eingesperrt haben! *So wos von ausgschamd!"*
Mir gefällt das immer weniger: Die Italiener wollen mich also unbedingt haben. Bei denen ist es viel zu heiß, höre ich, und ich bin doch ein Mann der Berge. So warte ich erst mal still ab und lasse diese ganzen Untersuchungen über mich ergehen: Was wird da an mir herumgedrückt, -gekratzt und in mich hineingestochen! Sie schieben mich in gleißend helles Licht und in summende Rohre. Sie schneiden sogar Teile von mir ab, die sie zur Untersuchung wegschicken wollen.
Von immer neuen Meldungen höre ich: Sie haben die Fundstelle genau vermessen und ich gehöre nun ganz bestimmt zu den Italienern. „92,56 Meter hinter der Staatsgrenze", höre ich. „Da können wir nichts machen. Da können wir nur das Beste hoffen und uns dem Schicksal fügen." Die Männer sind niedergeschlagen, als hätten sie Beute gemacht und müssten sie nun einem stärkeren Gegner überlassen. Wem soll da nicht mulmig werden?
Dann höre ich, wie sie dort oben in den Bergen weiter nach Teilen von mir suchen. Einer sagt: „Am besten hätten wir ihn

ganz aus dem Eis herausschneiden müssen!" Was sie heute wohl alles können! Vielleicht können sie sogar Berge versetzen. Trotzdem haben sie diese Grenzen. Irgendwie passt das nicht zusammen.

Diese Österreicher und Italiener trauen sich nicht über den Weg. Ich höre Geschichten wie von der Jagd. Einer erzählt: „Also wir machen uns schon früh am Morgen auf den Weg und kommen so um 10.30 Uhr dort oben an. Wir schauen uns vorsichtig um und was liegt da: ein Köcher mit Pfeilen drin, noch halb im Eis eingefroren! Was sollen wir machen? Warten wir auf die Chefs, die sich ja mit dem Hubschrauber einfliegen lassen! Endlich hören wir den auch, aber sehen ihn nicht. Eine Nebelwand hat sich vor uns zugezogen. Das Geräusch des Hubschraubers wird leiser. Wieder ist nur der Wind zu hören. *Zefix, was iatz?* Der Köcher ist doch zu wertvoll, um ihn weiter dortzulassen! Wir werden ihn bergen. Dazu übergießen wir ihn geschlagene zwei Stunden mit Schmelzwasser. Gerade als wir ihn freihaben, ihn in eine Jacke einschlagen und wie einen Verletzten mit Skistöcken schienen, taucht aus dem Nebel ein Mann auf: Ein Italiener, ein ganz offizieller, gleich an der schicken Uniform zu erkennen! Wenn der den Köcher... Wir flüstern. Zwei von uns lenken ihn in einem Gespräch über die Sicherung der Fundstelle ab, während die beiden anderen den Köcher in einen Rucksack schieben, sich verabschieden und schon im Nebel verschwunden sind."

Auf meinen Köcher und die Pfeile sind sie stolz wie kleine Kinder. Wie albern, könnten sich doch wirklich selber welche machen, anstatt mir meine wegzunehmen. Die tun gerade, als hätten sie so was noch nie gesehen. Bald stellen sie fest, dass die meisten Pfeile noch gar nicht schussfertig sind, und wundern sich darüber. Ist doch nicht schwierig, die schnell fertig zu machen! Die Pfeile müssen doch erst bereit sein, wenn man tatsächlich jagen geht. Davon verstehen die wirklich nichts!
Besonders diese Beifunde, wie sie sie nennen, bringen sie ganz aus dem Häuschen. Sie sammeln noch die kleinsten Teilchen auf. Teile von meinem Gluteimer finden sie, Reste von meiner Kleidung, die mir meine älteste Tochter so schön aus Ziegenfell genäht hat, mein aus Gras geflochtenes Netz, Schnüre, die ich dabeihatte, auch kleinste Holzsplitter. Sie wollen alles wissen: Welches Holz für die Pfeile, welcher Stein für das Messer, welches Fell für den Köcher...

Sie finden alles heraus und können alles benennen, sogar die Lücke zwischen meinen beiden oberen Vorderzähnen. Sie nennen sie Diastema und sagen, sie würde entstehen, wenn das Lippenbändchen zu tief angewachsen ist. So etwas könnte leicht operiert werden. Wenn ich das höre, wird mir ganz anders. Ich war mit der Lücke ein hübscher Mann und sie hat mir auch immer sehr geholfen, um eine verknotete Schnur im Mund festzuhalten. Was steht mir noch alles bevor!

Die Beifunde

Außer dem Eismann selbst haben besonders seine Habseligkeiten die Forscher beschäftigt. Noch nie hatte man die sterblichen Überreste eines Menschen aus der Kupferzeit entdeckt, der wie im wirklichen Leben gekleidet und ausgerüstet war. Aber damit nicht genug: Diese sogenannten Beifunde waren zum großen Teil auch sehr gut erhalten. Nie würde in einem normalen Grab etwas so Vergängliches wie Kleidungsstücke längere Zeit erhalten bleiben – über 5.000 Jahre lang schon gar nicht.

Die Habseligkeiten des Eismannes

Seine Kleidung bestand ausschließlich aus Tierfellen. Sie war geschickt aus einzelnen Streifen mit Tiersehnen zusammengenäht. Er trug legginsartige Hosen, einen Lendenschurz, darüber einen Mantel, alles aus Ziegenfell, außerdem einen Gürtel mit einer Tasche aus Kalbsleder. Gegen die Kälte am Kopf und an den Füßen hatte er eine Mütze aus Bärenfell und besonders kunstvoll gearbeitete Schuhe, die er mit Heu ausgestopft hatte. Zu seiner Ausrüstung gehörten eine Rückentrage, eine Art Grasmatte, eine Ahle zum Stechen und Nähen, ein Stück Zunderschwamm zum Feuermachen, zwei Gefäße aus Birkenrinde, eines davon zur Aufbewahrung von Glut, ein Messer mit Scheide, ein sogenannter Retuscheur zur Feinbearbeitung von Feuerstein, Schnüre, Netze, zwei Stücke eines Pilzes, des

Birkenporlings, der gegen Entzündungen hilft, dann ein Bogen, Pfeile und Köcher und natürlich sein Beil mit der wertvollen Kupferklinge – kurz, die Ausrüstung eines Mannes, dem das Gebirge absolut vertraut war.

Zwar wusste man schon, dass es bereits zur Kupferzeit einen weit verzweigten Austausch von Gütern in Europa gab, eben von Kupfer, dazu Gold, aber auch von Feuersteinen und Keramik. Aber erst an dem Eismann war zu erkennen, dass es damals für die Menschen anscheinend eine Selbstverständlichkeit war, über die Alpen zu ziehen. Ausgestattet, wie er war, könnte er heute mit einem modernen Alpinisten mitziehen.

Trotzdem hat der Fund seiner Leiche zugleich neue Fragen aufgeworfen. Die nach seiner Herkunft ist dabei die wichtigste: War er ein Hirte oder ein Stammesführer? Was machte er dort oben in den Bergen? War er zufällig an seinem Sterbeort angelangt oder geplant?

Solche Fellstreifen mit Stücken des Birkenporlings waren an der Kleidung befestigt.

Eine besondere Bedeutung hat dabei tatsächlich sein Beil. Mit seiner Kupferklinge hatte es einen großen Wert, auch im Gebrauch. Eigentlich ist Kupfer ein recht weiches Metall, das erst zusammen mit einem Teil Zinn an Härte gewinnt. Dafür stand die Bronzezeit. Trotzdem ließ sich mit der Nachbildung eines solchen Beils sogar ein ganzer Baum fällen. Man hätte damit aber auch leicht den Schädel eines Gegners einhauen können. Auch sein Bogen und seine Pfeile haben sich als hervorragende Tötungsinstrumente erwiesen. In Versuchen konnte man damit ein Reh sogar auf 50 Meter Entfernung glatt durchschießen.

So hätte der Eismann auch ein Krieger sein können. Auf jeden Fall steht eines fest: Er war in seinem eigentlich hohen Alter immer noch ein Mann der Tat, der seine Umwelt perfekt zu nutzen wusste.

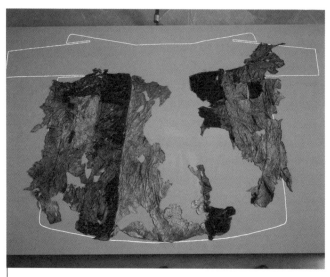

Überreste des Mantels aus Ziegenleder

Wie sie ihn untersuchen

Immer wieder holen sie mich aus diesem Kühlraum! Darin ist es wirklich ganz angenehm, mal abgesehen davon, dass es ständig summt. Aber da stelle ich mir inzwischen vor, das wäre der Wind, den ich in den Bergen ja fast immer gehört habe.
Wenn sie mich dann auf diesen Tisch legen und auswickeln, kommt es immer wieder vor, dass einige Männer „Wahnsinn!" sagen. Der größte Wahnsinn soll inzwischen sein, dass unabhängige Untersuchungen von Teilen von mir ergeben haben, dass ich nicht nur 4.000 Jahre alt sein soll. Nein, ich soll mindestens 5.000 Jahre alt sein. Worin da der große Unterschied liegen soll, ist mir ein Rätsel. Ich war schon alt, als ich in die Berge aufgebrochen bin und dieser Hinterhältige... Und alt bin ich jetzt immer noch. Was soll's. Heute zählen die Menschen wie verrückt alle Jahre zusammen, die sie schon auf der Welt sind. Aber wozu soll man sich das merken? Man muss jemanden doch nur anschauen und weiß sofort, wie alt der ist: Hat er weiße

Haare, ist er ein Greis. Ich hatte schon graue Haare. Aber konnte ich nicht trotzdem noch wie eine Gämse ins Gebirge steigen? Ich konnte es noch mit den jungen Burschen aufnehmen. Vielleicht waren die es – vielleicht wollten die mich mit Gewalt loswerden. Wenn ich nur wüsste, wer es war!

Immer wenn sie von meinem Alter sprechen, vergleichen sie mich mit diesem Christus, wobei dann einer der Männer sagt: „Also, um Ihnen noch einmal eine Vorstellung zu geben: Unser Held hier ist schon längst über die Erde gewandelt, als die Ägypter noch nicht mal ahnten, dass sie ihre Pyramiden bauen würden. Sechs Jahrhunderte vor Cheops*!" Sie sagen, dass meinetwegen sogar die Geschichte neu geschrieben werden muss. Die Steinzeit habe in Europa viel früher geendet als angenommen.

Sie wollen alles über mich wissen und finden alles über mich heraus – fast alles! Inzwischen haben sie auch festgestellt, dass meine Lungen ziemlich verraucht sind. Kein Wunder, dass sie das überrascht! Seit ich hier bin, habe ich noch kein einziges gemütlich knisterndes Lagerfeuer gesehen. Davon scheinen sie genauso wenig zu verstehen wie von der Jagd. Aber trotzdem: Wie soll man sich denn im Winter wärmen, wenn man sich nicht in der Hütte ans Feuer verkriecht? Ich bin gespannt, wie die sich heute im Winter warm halten. Bisher habe ich in der neuen Welt ja nur den Sommer erlebt, so warm, wie es immer ist. Eis können sich die Menschen

ja anscheinend leicht beschaffen, immerhin kühlen sie mich ständig.

Sie haben auch festgestellt, dass sich in meinen Lungen Metallspuren befinden. Ich gebe zu, einiges von dem, was sie heute können, ist wirklich wie Zauberei. Sie wissen also, dass ich selbst Kupfer verarbeitet habe. Aber vielleicht hätten sie sich das auch denken können, hatten sie doch sofort mein Beil entdeckt.

Sie haben sogar herausgefunden, dass ich zwölf Stunden vor meinem Tod noch ganz unten im Tal war. Sie konnten das an kleinsten Teilchen feststellen, die sie in meinem Darm gefunden haben. Ja, selbst dort haben sie schon hineingeschaut! Immerhin riecht da nichts mehr. Zumindest hat niemand mehr die Nase gerümpft, seit sie mich regelmäßig einfrieren. Sie haben in meinem Darm den Blütenstaub der Pflanzen gefunden, an denen ich auf meinem Weg entlanggegangen bin. Wahnsinn!

Alles an mir ist sehr wertvoll. Ich höre von den wunderlichsten Dingen: Wie sie die Mulde oben in den Bergen noch einmal untersucht haben, und zwar so gründlich, dass sie dafür sogar den Schnee und auch noch das Eis geschmolzen haben. Und was haben sie noch gefunden: Einen Fingernagel von mir! Sie sind wirklich sehr ordentlich. Wenn ich mir vorstelle, wie sie dort jedes Steinchen umgedreht haben, um noch etwas von mir zu entdecken! Ob sie dort auf allen vieren herumgekrochen sind?

An meinem Fingernagel konnten sie erkennen, dass ich in den Monaten vor meinem Tod dreimal ziemlich krank war. Sie sehen das an irgendwelchen Furchen im Nagel. Es stimmt tatsächlich: Wir hatten einen harten Winter und die Vorräte waren fast aufgebraucht. Der Winter konnte immer zu einer großen Gefahr werden. Wenn er zu lange dauerte, waren am Ende alle Nahrungsvorräte aufgebracht, auch das Heu für die Tiere. Dann hieß es fasten – und Wache halten, ob nicht Krieger aus anderen Siedlungen in ihrer Verzweiflung über uns herfallen würden. Ja, da ging es mir nicht so gut.

Während sie so etwas an mir feststellen können, wissen sie

aber die einfachsten Dinge nicht: „Wie haben die sich eigentlich früher die Nägel gekürzt?", fragt neulich einer, als würde er das nicht wissen. Die anderen zucken nur mit den Schultern. Graben, schleifen, reißen, hauen, kratzen denn die Menschen heute nicht mehr? Dabei können doch die Nägel gar nicht erst lang wachsen. Kaum dass sie aus der schwieligen Haut herausschauen! Sonst reicht doch ein Stein, um sie schön zu schleifen, wie das die Frauen so gerne tun. Die Menschen heute wissen, wie eine Beere beschaffen ist, aber nicht, wie man sie isst.

Da grübeln sie stundenlang darüber, ob mein Bogen schussbereit war oder nicht! Als ob sie noch nie jagen waren! Oder stellen sie heute nur Fallen oder jagen mit dem Speer? Das wird es wohl sein... Ich konnte mit meinem Bogen eine Gämse aus dem Felsen schießen, ohne dass die Herde etwas von mir gesehen oder bemerkt hätte. Sie aber wollen nun „Schussversuche" machen! Wozu soll das denn gut sein?

Mit meinem Beil ist es ähnlich: Da stellt sich einer dieser Männer hin und erklärt, das hätte ich ja wohl nur zur Zierde bei mir gehabt – als Ausdruck meiner Macht! Die Macht des Beils würde ich ihn gern mal ganz anders spüren lassen. Also bitte, wer würde denn so ein klobiges Ding als Schmuck mit sich herumtragen? Da haben wir in der Schmiede ganz andere Dinge hergestellt. Wenn ich nur an die Armreifen denke, die wir dann noch verziert haben! Wie haben wir damit die Augen unserer Frauen zum Leuchten gebracht!

Sollen sie mich weiter untersuchen, denke ich inzwischen. So werde ich hoffentlich bald erfahren, wer mich auf dem Gewissen hat. Leider sind sie da noch auf einer völlig falschen Fährte: Sie glauben, ich wäre in den Bergen vor Erschöpfung gestorben oder man hätte mich dort oben geopfert. Wenn die wüssten! In der Hinsicht muss ich also noch Geduld haben: Diese neuzeitlichen Zauberer werden schon noch darauf kommen. Immerhin haben sie ein großes Geheimnis noch nicht herausgefunden, das ich sozusagen gut versteckt in mir trage. Das aber will ich auch noch für mich behalten. Bald soll ja meine Kammer fertig sein, wo sie mich dann bestimmt bequem lagern und in Ruhe lassen werden. Sie betonen ja immer wieder, dass ich so bleiben soll, wie ich bin. Sie bereiten irgendein Abkommen mit diesen Italienern vor, so viel ist mir inzwischen klar. Und die wollen mich natürlich unversehrt übernehmen. Die Italiener sind es auch, die meine Kammer bauen werden. Wenn es so weit ist, will ich denen eine große Überraschung bereiten. Sollen die mein Schicksal aufklären und mich dann aber wirklich in Ruhe lassen!

Der Eismann als Forschungsgegenstand

Der Eismann ist bis heute von über 100 Forschern untersucht worden, die immer wieder unglaubliche Ergebnisse liefern. Daran lässt sich ablesen, zu welchen detektivischen Erkenntnissen die Wissenschaft heute in der Lage ist.

Da gibt es etwa die Radiokarbon-Methode. Sie kam zum Einsatz, um das Alter der Gletschermumie zu bestimmen. Dazu wird im Gewebe der Anteil des Kohlenstoffatoms C 14 bestimmt, das zu Lebzeiten über die Nahrung aufgenommen wird. Es sendet radioaktive Strahlung aus, die eine Halbwertszeit von 5.730 Jahren hat, also in dieser Zeit nur noch die Hälfte ihres ursprünglichen Wertes beträgt. Zur Sicherheit ließ man eine Gewebeprobe an drei unterschiedlichen Instituten untersuchen. Das Ergebnis stimmte bei allen mehr oder weniger überein: Mindestens 5.100 Jahre alt. Zur Bestimmung seines Lebensalters entnahm man ein Stück Knochen aus dem Oberschenkel. Daran zählte man die Anzahl bestimmter Strukturen, die sich mit zunehmendem Alter verändern. Man kam auf einen Wert von 45,7 Jahren, plus oder minus fünf Jahre.

Da gibt es auch die Endoskopie. Dabei fuhr man mit feinsten Sonden in den Körper der Mumie, um die inneren Organe zu betrachten und Gewebeproben zu entnehmen. So zeigte sich etwa, dass die Lunge rauchgeschwärzt ist, was ein klares Zeichen für einen langen Aufenthalt am Feuer ist.

Es gibt die Computertomografie, die aus der modernen Medizin nicht mehr wegzudenken ist. Dabei wird der Körper aus verschiedenen Richtungen scheibchenweise geröntgt. Ein Computer errechnet dann Schnittbilder des Körperinneren. Diese können mithilfe der Stereolithografie in dreidimensionale Formen berechnet und von einem Laser mit Acrylharz zu einem Modell verwandelt werden. So konnte der Kopf der Mumie, der durch den Druck des Eises verformt worden ist, originalgetreu rekonstruiert werden.

Es gibt auch die chemische Analyse kleinster Partikel, wie etwa die des Darminhalts. Darin hat man 30 verschiedene Pollenarten festgestellt, vor allem von Bäumen. So konnte man folgern, dass sich der Eismann noch zwölf Stunden vor seinem Tod im Tal aufgehalten haben muss. Der Weg der verschluckten Pollen durch Magen und Darm dauert entsprechend lange. Weil man auch den Pollen der Hopfenbuche fand, war dies außerdem der Beweis, dass er aus dem Süden aufgestiegen sein musste, weil die Hopfenbuche nördlich der Alpen nicht wächst.

Außerdem wurde sein Zahnschmelz untersucht, seine letzte Mahlzeit bestimmt, ein Brei aus Getreide, Fleisch und Gemüse, seine Augen, die braun waren, seine Haare, die schwarz waren, seine Muskelfasern, um ihre Beweglichkeit zu testen, seine Genitalien, um ihn wirklich als Mann zu bestimmen, und so fort bis heute und morgen.
Außerdem gibt es noch die gentechnische Untersuchung, die DNS-Analyse. Sie liefert inzwischen unglaubliche Erkenntnisse über die Eigenschaften eines Menschen, über seine Zugehörigkeit, Verbreitung, Herkunft, Erbkrankheiten. Der Mann im Eis stammte demnach aus einer mitteleuropäischen Menschengruppe, von der es heute anscheinend keine Nachfahren mehr gibt. Weil inzwischen sein ganzes Erbmaterial entschlüsselt ist, wird er in Zukunft Informationen darüber liefern, ob etwa auch vor über 5.000 Jahren schon die Anlage zu Krankheiten wie Alzheimer bestand.
Alles das spiegelt wider, zu welchen Fortschritten es die Menschen gebracht haben. Die Frage ergibt sich fast von allein: Wird man den Eismann in Zukunft vielleicht sogar neu schaffen? Schon heute werden Lebewesen problemlos geklont. Inzwischen versucht man, die Technik auch auf ausgestorbene Arten wie das Mammut zu übertragen.

Wie sie ihn neu unterbringen

Jahre vergehen, die wohl wieder meinem Leben hinzugerechnet werden. Immer noch bin ich bei den Österreichern, denen ich nicht mehr ganz traue. Sie spielen sich mit mir auf. Sie halten mich in einem Kühlraum unter Verschluss und zeigen mich immer wieder her wie eine Jagdtrophäe. Sie lassen mich nie in Ruhe und geben mit mir an. Dazu haben sie mir sogar einen Namen angehängt, mit dem sie mich nun immer bezeichnen: Ötzi! Warum machen sie das? Wir hätten so höchstens einen Hund genannt – und sie auch, wie sich einer der Männer beschwert.

„Aus allem machen diese Journalisten eine Story!", sagt er wütend. „Denen geht es nur um die Auflage*!"

„Aber so stehen wir auch im Rampenlicht", wendet ein anderer ein. „Wer interessiert sich sonst schon für prähistorische Archäologie?"

„Aber braucht es dazu alle möglichen Gruselgeschichten, von einem Fluch oder der deppertn Idee, dass der Ötzi Schamane gewesen ist?"

„Vielleicht war er das ja!", sagt der andere Mann. „Wir sind heute so beschränkt..."

„Jetzt fangen Sie nicht auch noch an! Diese Journalisten hätten es doch am liebsten, wenn der noch ermordet worden wäre! *Dann hättn's freilich a Story!*"

Na endlich! Wird höchste Zeit, dass jemand auf die richtige Fährte kommt! Die werden sich noch wundern!

Es ist eine Weile still, ehe der eine Mann fortfährt: „Allein der Name, den sie sich da ausgedacht haben: Ötzi! Zum Glück hat man ihn nicht in irgendeinem Rösttal gefunden. Und lag er nicht eigentlich am Ende des Schnalstals? Also: Schnalsi! Aber Ötzi finden die Leute, die solche Zeitungen lesen, bestimmt super!"

Nicht nur wegen des Namens will ich nun fort von diesen Österreichern. Ich will meine Ruhe, und wie ich höre, haben die Italiener inzwischen meine neue Unterkunft fertig gebaut. Da kann ich dann in Ruhe liegen. Untersucht bin ich ja genug.

Endlich ist es so weit: Nicht nur für mich ist der große Tag gekommen, sondern auch für diese beiden Stämme, die Österreicher und die Italiener. Ich werde mal wieder aus meinem Kühlraum geholt. Was für eine Bedeutung ich inzwischen haben soll! Bin ich nicht so eine Art Herrscher in dieser neuen Welt? Wenn schon ein Fingernagel von mir so wertvoll ist! Keiner darf mir etwas zuleide tun. Alle beschützen mich. Und nun haben sie mich hinaus auf den Hof geschoben, wo Dutzende Leute aufgeregt herumlaufen. Sie haben mir ganz neue Tücher umgelegt, in einem strahlenden Weiß. Wie schaffen sie es nur, mich so rein zu kleiden? Es gibt gar keinen Schmutz mehr.

Um mich herum stehen wieder einige dieser Zauberer, die alles wissen. Sie sind in dasselbe weiße Tuch gekleidet wie ich.

Immer wieder stellt sich einer von ihnen zu mir und erklärt, was sie nun mit mir machen werden: Sie werden mich in einem Kühlwagen über die Grenze in meine neue Unterkunft bringen. In den Himmel werde ich nicht wieder fliegen, das weiß ich schon. Das sei zu gefährlich. Aber einer sagt, trotzdem würde jemand vom Himmel aus über uns wachen, in einem Hubschrauber. Fürchten sie denn so sehr, jemand könnte über mich herfallen? Wissen sie vielleicht längst, wer mich auf dem Gewissen hat, und sind deshalb so besorgt? Vielleicht ist derjenige auch schon in dieser zweiten Welt angekommen und hinter mir her?

Da schließen sich auch schon die Türen hinter mir und ich werde wie ein Kind in einer Wiege bewegt. Diesmal habe ich wirklich reichlich Platz. Eigentlich werden in diesem Kühlwagen Früchte oder Schweinehälften befördert, habe ich gehört, aber da bin ich mir nun wirklich sicher: Auffressen werden sie mich nicht.

Nach einer ganzen Weile wird wieder einmal alles still. Wir sind an dieser Grenze. Schade, dass ich nichts sehen kann. Es hätte mich doch brennend interessiert, wie so was aussieht.

Jetzt werden mich die Italiener übernehmen. Was kommt nun? Eigentlich habe ich nie Angst gekannt, aber es haben doch so viele gesagt, dass man den Italienern nicht trauen kann...

Als sich später die Türen des Kühlwagens öffnen, umstehen mich wieder neue Leute. Es sieht aus, als wären alle Menschen aus allen Siedlungen gekommen, um mich zu sehen. Auch sie sagen „Wahnsinn!" und „Jesus Maria!", einige auch *„Madonna santa!"* und *„Oh dio!"*. Plötzlich redet eine Frau auf mich ein: *„So, mei Liaber!"*, sagt sie, während ich durch irgendwelche Gänge wie in einer Höhle geschoben werde, *„iatz bisch sicher!* Willkommen im neuen Heim! Hier kann dir nix passieren! Schön, dass du endlich da bist!"

Als ich wieder still stehe, reden auch andere Leute von mir, als wäre ein Kind davongelaufen und zur Siedlung zurückgekehrt. Auf jeden Fall wollen mir diese Italiener nichts Böses. Sie sprechen auch sehr nett mit den Österreichern. Nur leider nennen auch sie mich Ötzi!

Rückständige Frühmenschen?

Längst vor dem Fund der Gletschermumie gab es nicht mehr die Vorstellung, da hätten wilde Leute mit einem Stück Fleisch in der Hand halb nackt und stumpfsinnig um ein Lagerfeuer gesessen. Der Eismann war aber der schlagende Beweis, auf was für einer hohen Zivilisationsstufe die Menschen der späten Steinzeit schon lebten. Davon zeugen sogar die Tätowierungen an seinem Körper. Sie finden sich vor allem im unteren Rückenbereich und unten an den Beinen. Meistens sind es nebeneinanderliegende Striche, über 50 an der Zahl. Alles spricht dafür, dass sie nicht der Zierde dienten, sondern der Schmerzlinderung: Kleine Schnitte, in die Holzkohle gerieben wurde, durchtrennten feinste Nervenbahnen. Auch ein Akupunkteur würde heute an den gleichen Stellen seine Nadeln ansetzen.

Schon lange weiß man von den medizinischen Fertigkeiten selbst der Steinzeitmenschen. Sogar Operationen am Gehirn haben sie vorgenommen, und zwar erfolgreich. Man hat Schädel gefunden, die zeigen, dass in sie ein Loch geschnitten

Tätowierung am Handgelenk der Mumie

wurde. Dies geschah eindeutig am lebenden Menschen, weil es an den Rändern dieser Stellen wieder Knochenwachstum gab.

Auch zur Herstellung der Kupferklinge vom Beil des Eismannes war enormes Wissen gefragt. Schon damals müssen die Menschen in den Bergen kupferhaltiges Gestein mit Feuer erhitzt haben, es dann mit Wasser gelöscht und aus dem Felsen herausgebrochen haben. Danach musste das Metall in Öfen vom Stein getrennt werden. In einem weiteren Schritt goss man das Kupfer in Formen. Dazu brauchte man Tongefäße, die Temperaturen von über 1.000 Grad aushielten. Eine echte Herausforderung nicht nur für den Schmied!

Der Zufall wollte es auch, dass Schatzsucher bald nach dem Fund des Gletschermannes die etwa 4.000 Jahre alte Himmelsscheibe von Nebra ans Licht brachten. Wie man es schon von der Anlage von Stonehenge kannte, war damit ein Himmelsobservatorium im Taschenformat gefunden. Heute kann man die Wirkung nicht mehr spüren, wenn in einer mondlosen Nacht der Himmel die einzige Lichtquelle ist. Für die Menschen der Vorzeit war aber der Himmel ihr ständiger Begleiter, ihre Uhr und ihre Inspiration. Sie versuchten, die Sternenbewegungen zu verstehen und sie für ihre Lebensplanung einzusetzen. Entscheidend war etwa zu wissen, wann endlich der Zeitpunkt gekommen war, dass die Tage wieder länger wurden.

Wie er ausgestellt wird

Wieder werde ich ausgewickelt. Wie sie mich dann jedes Mal anschauen! Neuerdings sind auch Frauen dabei. Auch jetzt stehen sie da mit offenem Mund und schütteln den Kopf, als hätten sie noch nie einen nackten Mann gesehen. Mir selbst ist das inzwischen unangenehm, wenn sie mich so auf dem Tisch liegen lassen. Dann kommen sie mir immer so nahe und schauen mich genau an. Viele riechen ganz stark, die Männer meistens nur morgens, aber manche Frauen ständig. Sie riechen wie wandelnde Steinpilze oder Flieder, gar nicht so schön streng wie wir. Nur bei einigen Menschen kenne ich den Geruch. Anscheinend sitzen sie heute doch sehr lange am Feuer, so verraucht sind sie. Manche riechen sogar aus dem Mund danach, als hätten sie den Rauch absichtlich eingeatmet.

Vielleicht können sie mehr als wir damals, aber anscheinend nicht ihre Zähne pflegen. Man braucht dazu doch nicht mehr

als ein Stück Weidenzweig, den man auffasert und dann zwischen den Zähnen entlangreibt.
Ich werde ja nun eine ganz neue Kammer bekommen. Davon sprechen sie gerade wieder: „Eismannbox" heißt sie. Es soll eine schöne Grablege für mich sein, sagen sie, alles so abgesichert, dass mir nichts passieren kann.
Ein Mann stellt sich hin und atmet durch und erklärt mit leuchtenden Augen: „Das ist nun wirklich eine kleine Sensation, die hier zu bestaunen ist. Wir haben nicht nur eine Kühlzelle, sondern eine identische zweite für den Notfall, wobei beide unabhängig betrieben werden. In allen Wänden, im Boden und in der Decke, sogar in der Tür zirkuliert eine Kühlflüssigkeit. So sind ständig minus 6 Grad Celsius und 98 Prozent Luftfeuchtigkeit garantiert. Sogar an das Licht wurde gedacht. Aus dem wurden nämlich alle wärmenden Strahlen herausgefiltert. Die Bedingungen für Ötzi werden genau so sein wie in seinem Eisgrab."
Der Mann lacht vor Freude auf und ich bin beruhigt. Zwar höre ich noch, dass in der zweiten Zelle ein anderer Mann zur Kontrolle aufbewahrt wird, aber dazu sagen sie nicht mehr. Stattdessen wird noch alles Mögliche zu mir und meinem Leben erklärt. Dazu haben sie auch alles ausgestellt, was ich in den Bergen bei mir hatte: Kleidung, Beil, Messer, Bogen, Pfeile, Trage, Eimer – alles mindestens so wichtig wie ich selbst, sagen sie. Alles natürlich geschützt und voll klimatisiert.
Wie ärgerlich, dass sie sonst kein Wort über meinen Zellen-

nachbarn verlieren. Ich bin schon neugierig, was das für einer ist. Ob er genauso außergewöhnlich ist wie ich? Vielleicht ist es dieser Christus, von dem sie ständig sprechen ...

Nun weiß ich auf jeden Fall, was ein Museum ist: Da schaut man sich an, wie andere Menschen angezogen sind, wie sie Feuer machen und auf die Jagd gehen. Aber warum machen die Menschen das nicht einfach selbst? Haben sie denn die Jagd abgeschafft, sitzen sie nicht mehr alle am Feuer, lassen sie keine berauschenden Getränke mehr kreisen, erzählen sie sich keine Geschichten mehr vom Himmel und dem Leben danach?

Plötzlich sehe ich einen von uns mitten im Raum stehen. Ich kann es nicht glauben: Der ist so angezogen und ausgerüstet wie ich, als ich in die Berge gestiegen bin. Aber der rührt sich nicht. Der ist nachgemacht!

Und dann sagt eine Frau, dass *ich* das sein soll! Ich? Was geschieht hier? Sie hätten mich nach neusten wissenschaftlichen Erkenntnissen originalgetreu nachgebildet.

„Nur die Flöhe, die wir in seiner Kleidung fanden, die haben wir natürlich nicht mit aufgenommen!", sagt die Frau grinsend und die vielen Leute im Raum lachen hämisch.

Ja, auch diese anderen

Menschen kommen mir so vor, als wollten sie sich beweisen, wie überlegen sie sind. Ich verstehe schon: Sie werden wohl nicht mehr von Flöhen geplagt oder von Würmern wie ich. Sie haben ja auch festgestellt, dass ich von diesem Peitschenwurm befallen war. So kenne ich nun wenigstens den Grund für diesen fürchterlichen Durchfall. Der war so schlimm, dass ich es oft gerade noch vor unsere Hütte schaffte. Meine Frau schimpfte dann immer...

Nun wird mir das wirklich unheimlich. Was haben sie mit mir vor? Was ist das für eine verrückte Welt? Warum geben sich die Menschen heute so viel Mühe, alles zu meinem Leben herauszufinden? Leben sie nicht selbst? Haben sie nicht genug zu tun? Sie fragen auch immer wieder nach dem Sinn des Lebens. Das habe ich oft genug gehört. Anscheinend hat auch das mit mir zu tun. Mir kommt es inzwischen fast so vor, als bräuchten sie mich dazu: Ötzi als Frage nach dem Sinn des Lebens.

Nein, lasst mich nun in Ruhe! Bringt mich in meine Eismannbox und geht hinaus und lebt! Ich bin froh, wenn ich drin bin. Ich will wieder meinen Frieden.

Und tatsächlich: Sie legen mich dorthinein und schließen die Tür. Aber es bleibt hell. Kann mal jemand das Licht ausmachen? Und da ist auch ein Loch in der Wand. Sie schauen mich von draußen an. Sie starren mich die ganze Zeit an. Immer wieder erscheinen andere Gesichter. Soll das so bleiben? Werde ich nun immer beobachtet? Hilfe!

Ein Ausstellungsstück im Museum

Der Eismann ist seit 1998 in einem eigens für ihn eingerichteten Museum in Bozen zu besichtigen. Es ist in Südtirol zu einem der größten Publikumsmagneten geworden und zieht jedes Jahr Zehntausende Besucher an. Er liegt in einem riesigen Kühlschrank, der „Eismannbox", die extra für ihn konstruiert wurde. Man hat darüber diskutiert, wie man ihn „würdig" aufbewahren könnte. Das Ergebnis ist eine Art Schrein, in gedämpftem Licht, mit einem Vorraum wie ein Mausoleum. So kann man sich wie jemand fühlen, der einen geweihten Raum betritt, so etwas wie einen Göttertempel.

Dabei ist der Eismann nicht der Einzige, der so aufbewahrt wird, dass er sich möglichst nicht verändert. Zur Kontrolle gibt es einen zweiten „Eismann", einen Toten aus heutiger Zeit. Diese Person hatte sich zu Lebzeiten bereit erklärt, künstlich mumifiziert zu werden und in der Eismannbox konserviert zu bleiben. Es gibt darin eine identische zweite Kühlzelle, mit eigenem Strombetrieb für den Fall, dass die entscheidende Zelle versagt. Eigentlich ist er schon der dritte Eismann, weil es bei dem zweiten mit der Konservierung nicht klappte. An diesem Ersatz-Ötzi lässt sich feststellen, ob die Bedingungen zur Aufbewahrung immer noch stimmen. Auch auf diese Weise kann man dem Eismann möglichst seine Ruhe lassen...
Aber man muss die Mumie gar nicht mehr selbst aufsuchen, um sie einmal persönlich unter die Lupe zu neh-

men. Das geht auch schon längst am heimischen Computer, und eigentlich viel besser. Mit einem besonderen Verfahren sind hochauflösende Fotos gemacht worden, die im Internet zu sehen sind: http://iceman.eurac.edu/ Wer will, kann so dem Eismann im wahrsten Sinne des Wortes ins Auge schauen, wie mit einer Lupe. Mit einer Rot-Grün-Brille lässt er sich sogar dreidimensional betrachten.

Der Eismann ist für die Stadt Bozen und für ganz Südtirol wirklich zu einem Glücksfall geworden. Er zieht die Menschen noch zusätzlich in diese Urlaubsregion. Mit der Zugkraft seines Namens hat man inzwischen einen ganzen Steinzeitort aufgebaut, den „ArcheoParc". Es sind archäologische Wanderwege geschaffen worden, die bis zu seiner Fundstelle führen. Wer will, kann auch in Begleitung eines Bergführers wandern. Ötzi ist für Südtirol wirklich unbezahlbar geworden.

Blick in die „Eismannbox"

Wie sie den tödlichen Pfeil finden

Nun denn, ich habe verstanden: Sie wollen mich anscheinend so lange erhalten, bis sie alles über mich und mein Leben wissen. Das sagen sie hier immer wieder: „Mal sehen, was wir ihm noch für Geheimnisse entlocken können!" Dann will auch ich nun dazu beitragen. Immerhin will ich ja selbst wissen, wer mich auf dem Gewissen hat.

Heute wollen sie wieder eines ihrer magischen Geräte einsetzen, mit dem sie in mich hineinschauen können. Jedes Mal bin ich überrascht, was sie da alles sehen. Sie entdecken mein Herz, meine Lungen, meine Leber. Ich weiß selbst gut genug, wo das alles zu finden ist. Im Grunde machen sie es wohl so wie wir, wenn wir ein Schaf geschlachtet hatten: Wir haben nach der Leber geschaut, was die uns für die Zukunft sagen konnte. Von einem Menschen habe ich die ja auch mal in der Hand gehabt, als ich einem unserer Feinde mit meinem Feuersteindolch den Bauch aufschlitzte.

Sie schauen sogar in meine Knie und erklären, dass ich darin Verschleiß hätte. Wie wahr, bin ich doch oft genug in die Berge gestiegen, immer mit so viel Gepäck beladen! Trotzdem kommt es mir komisch vor, dass sie solchen Verschleiß an mir feststellen. Sie selbst sind davon anscheinend nicht betroffen, denn sie haben fast alle dicke Bäuche und bewegen sich langsam und bedächtig. Können sie denn ständig satt werden? Haben sie so viel zu essen? Wie geht das? Die scheinen nie zu jagen! Auch wenn sie deswegen keinen Verschleiß haben, könnten sie doch nie in die Berge steigen. Wie wollen sie es mit ihren Bäuchen denn schaffen, tagelang unterwegs zu sein oder sich im Felsen an ein wildes Tier anzupirschen? Aber sie können ja heute sogar fliegen.

Auf jeden Fall will ich nun selbst versuchen, ein wenig magische Kräfte anwenden. So kann ich hoffentlich die Zeit verkürzen, die sie brauchen, um alles über mich herauszufinden.

Ich beschwöre daher Herrgostner, der mich untersucht, ganz genau in mich hineinzuschauen. Ich weiß zwar, dass er es dazu über mir nur brummen und summen lässt, wie wenn eine Biene von Blüte zu Blüte fliegt, aber nach einer Weile ruft er tatsächlich: „In der linken Schulter, da steckt doch ein Fremdkörper!"

Ich weiß, dass ich Erfolg hatte: Der Mann, sonst ein ruhiger Mensch, macht nun ganz hastige Bewegungen und murmelt immer wieder: „Wahnsinn!"

Doch erst bei der nächsten Untersuchung höre ich, was er Neues entdeckt hat. Als ich wieder aus meiner Kühlzelle geholt werde und in einem anderen Raum der Eismannbox untersucht werde, ruft plötzlich einer: *„Dou, dou, schaug her!* Da ist die Einstichstelle, hier hinten am Schulterblatt wie bei Siegfried*. *Do geaht's ini! Ich versuch's mal!"* Er führt eine dünne Nadel ein Stück in mich hinein und freut sich wie ein kleines Kind. *„Man hot ihm va hintn in Ruckn ini gschossn.* Der Pfeil ging durch diesen Kanal und die Spitze ist im Körper stecken geblieben, während der Pfeil selbst herausgezogen wurde. Es war ein gezielter Todesschuss – und es war Mord! Gelobt sei der Gostner! Er hat's entdeckt wie einen Schatz. Was für ein Fall! *Isch des pfundig!"*

Ich denke natürlich anders darüber. Der hat mich damals hinterrücks erwischt und ich hatte keine Chance. Dabei hatte ich mich in Sicherheit gewiegt, wollte endlich eine Pause machen. Die Mulde da in den Bergen kannte ich schon aus Kinderta-

gen. Es ist ja nicht so leicht, sich dort oben zu schützen, vor allem vor dem Wind, der einen schnell auskühlt. Man konnte dort sogar ein Feuer machen. Unten im Tal hatte mich dieser Mann angegriffen, das Gesicht pechschwarz bemalt. Kannte ich ihn? Ich weiß es nicht. Er ist sofort mit dem Dolch auf mich los. Ich versuche, ihm die Waffe zu entreißen, doch er schneidet mich tief in die Hand. Ich versetze ihm einen Hieb und flüchte in den Wald, wo ich mich verstecke. Was soll ich nun machen? Doch ins Gebirge, denke ich, wohin ich sowieso wollte. Dort würde mich der Mann nicht verfolgen. Die Wunde würde heilen. Auf Umwegen schlage ich mich durch den Wald, immer höher, erreiche die Baumgrenze und ziehe weiter in die Höhe, mich ständig umschauend.

In der Mulde hatte ich mich dann so schön für eine Rast fertig gemacht, meine Ausrüstung ordentlich abgelegt. Wer würde mir schon bis dorthin folgen, wo eigentlich schon das ewige Eis war? Aber so geschützt, wie ich in der Mulde war, so geschützt konnte leider auch mein Mörder auf mich lauern. Er hat aus großer Entfernung geschossen und mich punktgenau getroffen. Kompliment!

Also, nun wissen sie das auch. Aber ich hoffe vor allem, sie werden nun herausfinden, wer mich auf dem Gewissen hat – und mich dann vielleicht sogar rächen. Dazu will ich mich in mein Schicksal fügen und weiter in ihrer komischen Eismannbox abwarten, wo mich jeden Tag alle anstarren. Wenn es schon so sein soll, dass ich in dieser neuen Welt wie ein Amulett betrachtet und bewundert werde, dann soll mir wenigstens noch Gerechtigkeit widerfahren.

Mord in der Frühgeschichte

Knapp zehn Jahre nach dem Fund des Eismannes ging die spektakuläre Meldung um die Welt, dass in seinem linken Schulterbereich eine Pfeilspitze steckte. Sie war merkwürdigerweise unentdeckt geblieben, obwohl man die Mumie bis dahin immer wieder haarklein untersucht hatte. Daher waren alle möglichen Erklärungen zu seinem Tod ins Kraut geschossen: von Erschöpfung im Unwetter bis hin zur Opferung. Zwar dauerte es wieder einige Zeit, ehe abermals neue Erkenntnisse vorlagen, aber dann stand eindeutig fest: Der Pfeil, der den Kupferzeit-Menschen von hinten getroffen hatte, war innerhalb kurzer Zeit tödlich gewesen.

Von seinen letzten Stunden gibt es nun ein klares Bild: Der Eismann hatte hoch in den Bergen eine halbwegs geschützte Stelle aufgesucht. Er hatte seine Ausrüstung mit Bedacht hierhin und dorthin gestellt und sich wahrscheinlich etwas zu essen gemacht. Plötzlich traf ihn ein Pfeil aus ziemlich großer Entfernung in den Rücken, präzise geschossen: In der Sprache der Jäger ein Blattschuss. Dies lässt sich feststellen, weil der Pfeil seinen Körper nicht durchdrungen hatte, also beim Einschlag nicht mehr so viel Kraft besaß. Anschließend schlug der Täter ihn wohl noch mit einer Waffe oder einem Stein nieder. Darauf deuten bestimmte Verletzungen im Gesicht hin.

Ein Mord also – zwar ein wunderbares Thema für die Medien, aber außergewöhnlich für seine Zeit? Leider waren die Menschen damals nicht friedlicher als heute. Zwar gibt es in Europa aus dieser Zeit noch keine schriftlichen Verzeichnisse, sodass man auf logische Schlüsse angewiesen ist. Aber die sind in einem Fall eindeutig: In dem süddeutschen Ort Talheim fand man 1983 ein Massengrab mit 34 Skeletten, und zwar von Kindern, Frauen, auch alten Leuten. Es gab keine Grabbeigaben. Die Körper lagen kreuz und quer durcheinander. Und bei allen Leuten ließ sich eindeutig nachweisen, dass sie erschlagen worden waren. So blieb nur ein Schluss: Sie waren alle umgebracht worden. Wahrscheinlich hatten Feinde ihre Siedlung überfallen, und zwar nicht um diese zu plündern, sondern um sie für sich zu erobern. Die Leichen der getöteten Einwohner musste man beseitigen. Daher warf man sie zusammen und verscharrte sie.

Eingeschlagener Schädel eines der Opfer von Talheim

Es wäre allerdings auch überraschend, wenn man für die Zeit der Sesshaftwerdung nicht auch von Mord und Totschlag ausgehen würde. Die Menschen hatten begonnen, sich in festen Siedlungen niederzulassen, Vorräte und sogar Reichtum anzuhäufen. Das weckte Begehrlichkeiten, und zwar nicht nur in Notzeiten. Auch der Eismann selbst wusste ja sehr gut, mit Waffen umzugehen.

Wie sie ihm den Fluch anhängen

Die Zeit geht dahin, in schrecklicher Eintönigkeit. Für mich kann es in dieser Kammer keinen Sommer mehr geben, keinen Frühling, nur noch Tag und Nacht, denn immerhin löschen sie das Licht, wenn alle Besucher verschwunden sind. Trotzdem warte ich weiter voller Hoffnung auf das Ende aller Untersuchungen. Vorher muss aber noch etwas ganz anderes geklärt sein. Wieder ist es so etwas Seltsames, das ein alter Knochen wie ich nicht ohne Weiteres versteht. Ich höre immer wieder: „Wir werden erst Ruhe haben, wenn das mit dem Finderlohn über die Bühne ist! Das hängt ja inzwischen wie ein Fluch über uns!"

Noch ein Fluch, von dem ich höre. Der eine nennt sich „Fluch des Ötzi". Es heißt, dass alle sterben müssen, die sich mit mir abgeben und mir nicht meine Ruhe lassen. Entsprechend musste gleich zu Anfang dieser Henn büßen, der mich so grob aus dem Eis geholt und in den Sack gesteckt hat. Er wollte vor anderen Leuten über mich sprechen und dabei fuhr er mit seinem Wagen gegen einen anderen Wagen und war sofort tot. Danach starb einer der Männer, der sich selbst gut in den Bergen ausgekannt hatte und mit als Erster an mir herumgehackt hat. Er wurde so wie ich in den Bergen im Eis begraben. Sogar derjenige, der mich überhaupt entdeckt hat, Helmut Simon, bezahlte mit dem Leben. Auch er verunglückte in den Bergen und blieb tagelang unentdeckt, beinahe wie ich, nur dass es bei mir viel länger dauerte, ehe ich gefunden wurde.

Auch alle möglichen anderen Leute soll inzwischen mein Fluch getroffen haben. Vielleicht bin ich ja selbst ein Zauberer. Ärgerlich, dass ich das zu Lebzeiten nicht bemerkt habe. Da hätte mir der Kerl mit seinem Pfeil aber mal kommen sollen! Viele, denen ich meine Arbeiten aus Kupfer zeigte, haben ja auch geglaubt, dass ich Zauberkräfte hätte. Aber was wussten die schon von Kupfer? Man musste über die Berge steigen und zu den Gebieten gelangen, wo sie das Kupfer aus dem Stein holen. So wagemutig waren nur wenige und ich war einer von denen.

War man angekommen, musste man das Kupfer roh eintauschen oder selbst in den Berg steigen und mithelfen, das Zeug mit Feuer und Wasser aus dem Stein zu sprengen. Wer sein Handwerk verstand, konnte auch entfernte Siedlungen aufsuchen und dort in den Schmieden seine Arbeit anbieten. Ich kannte mich gut aus.

Immer wieder kreisen meine Gedanken um den Fluch. Er könnte mir tatsächlich nützlich sein. Vielleicht trägt er schon jetzt dazu bei, dass sich manche erst gar nicht mehr zu mir hintrauen. Und trotzdem habe ich eher das Gefühl, es werden immer noch mehr, die mich sehen wollen. Draußen sollen die Leute an manchen Tagen in langen Reihen anstehen, um in mein Museum zu kommen. Am besten wäre, wenn einer dieser Journalisten verbreiten würde, dass jeder, der mich in meiner Eismannbox anschaut, des sicheren Todes ist. Aber so weit gehen sie dann wohl doch nicht.

Was für eine seltsame neue Welt: Sie können alles erklären, aber sie fürchten sich ständig: vor einem Fluch, vor dem Tod und irgendwie auch vor diesem Christus – der ist übrigens

nicht in meiner Nachbarzelle, wie ich inzwischen weiß. Der da liegt, ist nicht berühmt. Sie haben auch Angst vor vielen Dingen, die ich gar nicht kenne: Herzinfarkt, Krebs, Alzheimer, Inflation, Erdbeben, Kernschmelze, Handystrahlung, Arbeitslosigkeit...

Hier in meiner neuen Siedlung fürchten sie sich vor diesem anderen Fluch, nämlich davor, dass sie zu viel bezahlen müssten. Das hängt ebenfalls mit diesem Helmut Simon zusammen, obwohl der inzwischen tot ist. Soweit ich das verstehe, wollen irgendwelche Freunde von ihm und seiner Frau von den Italienern – also von denen, die sagen, ich würde ihnen gehören – irgendeine Art Entschädigung. Sie wollen dafür belohnt werden, dass sie mich gefunden haben. Wahnsinn!

Mir fällt dazu gar nichts ein, außer dass zu meiner Zeit Geiseln genommen wurden, die Leute einer anderen Siedlung auslösen mussten. Es soll dabei sogar einen Fall gegeben haben, wo sie einen Toten aus dem Grab stahlen, der dann ebenfalls ausgelöst werden sollte. Aber mich haben sie doch schon und dieser Simon könnte mich gar nicht holen, ich werde doch viel zu gut beschützt. Außerdem ist der Mann tot! Wie hat neulich einer geschimpft, als sie mich mal wieder ausgepackt und untersucht haben: „Wir würden an Ötzi verdienen, behaupten sie! *Dass i nit loch!* Was allein der Betrieb der Eismannbox an Geld verschlingt, dazu die vielen Untersuchungen, die wir machen! Knauseriges Bergvolk nennen sie uns, dabei haben wir 50.000 Euro Finderlohn* angeboten! *Und iatz, wo der*

Simon hin isch, soll des Geld für sei Familie sein! Die hätten den bestimmt noch versteigert: Ötzi zum Ersten, Ötzi zum Zweiten und Ötzi zum Dritten. Der Käufer ist Scheich Abdallah aus Arabien, der ihn als Götzen einäschern lässt!"

Vielleicht wäre ich mit dem Einäschern sogar einverstanden gewesen – so wäre mein Los ja auch entschieden gewesen. Aber dann höre ich, dass nach 19 Jahren dieser besondere Fluch auf einmal vergangen sein soll. An die Familie Simon werden für mich 175.000 Euro bezahlt. Die Frau Simon kann angeblich das Wort „Ötzi" nicht mehr hören. Ich auch nicht – aber von Anfang an.

Leider kann ich mit der genannten Zahl nichts anfangen. Sie ist mir zu hoch. Auf jeden Fall scheint sie die Menge irgendwelcher Kupferstücke anzugeben. Wer kann denn eine solche riesige Masse aufbewahren und schützen? Was die Leute nun damit machen? Werden sie damit glücklich? Ich merke bald, dass es für mich selbst gar keine Bedeutung hat – oder eigentlich doch. Denn ich höre sie sagen: „Jetzt haben wir das endlich vom Hals!" oder, indem sie sich zu mir beugen: „Jetzt haben wir dich hier endgültig sicher!" Nun ist es also ausgemacht, dass sich an meiner Lage nie mehr etwas ändern soll.

Lohnende Schatzsuche?

Was für eine tolle Vorstellung: Man stößt in einem alten Buch auf eine Schatzkarte oder stolpert im Wald über einen Stein, der sich als Scherbe eines alten Tongefäßes entpuppt – und man fängt an zu graben. Man stößt auf noch mehr Scherben und dazu Knochen und dazwischen immer wieder auf Stücke aus Gold und Silber. Es gibt Geschichten solcher Art, etwa die von der Himmelsscheibe von Nebra:

1999 finden zwei Schatzsucher mit einem Metalldetektor in einem Wald eine Scheibe aus Metall mit einem Gewicht von über zwei Kilogramm, die sie zuerst für einen Schild halten. Schnell begreifen sie jedoch, dass sie einen mystischen Gegenstand aus der Bronzezeit in der Hand haben. Doch wie nun weiter? Sie wissen: Das meiste Geld bekämen sie dafür auf dem Schwarzmarkt. So kommt es: Sie

Die Himmelsscheibe von Nebra

verkaufen die Scheibe für umgerechnet 7.500 Euro an einen Hehler, einen Händler gestohlener Ware. Schnell wurde die Scheibe unter der Hand weiterverkauft. Doch dann bekommen Beamte Wind von dem Fund und können den Schatz sichern. Die Himmelsscheibe von Nebra ist heute nahezu unbezahlbar.

Wem gehört eigentlich das, was man irgendwo vergraben im Boden findet? Bei dieser Frage sind die Gesetze des jeweiligen Landes von großer Bedeutung. Darin ist festgelegt, wem ein gefundener Schatz gehört: Normalerweise dem Staat. Nur geht es dabei immer um eine Belohnung für den Finder.

Die Schatzsuche hat heute nichts mehr von Abenteuer. Sie wird oft von Profis organisiert, denen es wirklich nur darum geht, „Schätze" zu finden. Heute gibt es Metalldetektoren für wenige Hundert Euro, sodass inzwischen Hinz und Kunz den Boden durchsuchen kann. Im Fall der Himmelsscheibe von Nebra ist dadurch die Fundstelle und auch die Scheibe selbst beschädigt worden. Die Restauratoren haben dann an dem Fund ihre ganze Kunst gezeigt. Allerdings bleibt den beiden Schatzsuchern doch das Verdienst, die Scheibe überhaupt gefunden zu haben...

Es ist also ein großes Problem, die Schatzsuche zu kontrollieren. Bezahlt man für einen Fund „nur" einen Finderlohn, besteht die Gefahr, dass ein „Schatz" erst gar nicht gemeldet, sondern sofort auf dem Schwarzmarkt verkauft wird. Beteiligt man aber die Finder zu großzügig, zieht man damit vielleicht erst recht die Schatzsucher an.

Im Fall des Eismannes war man in dieser Zwickmühle: In Österreich gilt die Regelung, dass der Fund zu gleichen Teilen dem Grundstückseigentümer und dem Finder gehört. In Italien dagegen gehört der Fund auf jeden Fall dem Land, also der Allgemeinheit. Dabei steht dem Entdecker aber eine Prämie zu, die ein Viertel des Fundwertes nicht übersteigen darf. Die Eheleute Simon als Finder machten jedenfalls sofort ihre Ansprüche an dem Fund geltend.

Allerdings ging es zunächst auch um eine grundsätzliche Frage: War die Gletschermumie überhaupt ein Schatz? Kann ein menschlicher Körper das sein?

Wie er auf das Ende wartet

Inzwischen dauert es immer länger, bis sie mich mal wieder aus meiner Kühlkammer holen und im anderen Raum auf den Tisch legen. Werde ich meine Eismannbox je wieder verlassen? Werde ich noch einmal die Ruhe finden, die ich oben in den Bergen hatte? Neulich haben sie mich sogar wieder ganz aufgetaut und in mich hineingebohrt und gestochen und geschnitten. Überall holen sie Stücke aus mir heraus, ganz kleine Stücke, sagen sie. Die reichen ihnen, um festzustellen, woher ich stamme – nämlich von unten im Tal, wo ich aufgestiegen bin. Sie wissen nun auch, dass ich nicht von einem anderen Teil der Welt stamme, etwa aus Afrika, wie jemand lachend sagte. Und sie können nun sagen, dass ich Borreliose hatte, weil ich von einer Zecke gebissen wurde. Wir wurden immer von Zecken gebissen! Sie behandeln mich wie einen geräucherten Schinken, der möglichst den ganzen Winter lang reichen soll.

Leider scheinen sie nun doch mit ihrem Wissen am Ende zu sein. Wer mich auf dem Gewissen hat, bekommen sie wohl nicht mehr heraus. Sie können doch keine Berge versetzen. Aber dann können sie mich auch wieder in die Berge bringen, damit ich dort ruhen kann wie zuvor. Soll ich denn nur noch zum Anstarren sein?

Die Menschen heute sind anders geworden. Sie stellen sich

lange in einer Reihe auf, nur um einen Blick auf mich zu werfen. Warum steigen sie nicht in die Berge wie ich, wenn sie wissen wollen, wie ich gelebt habe? Ich weiß schon: Sie lassen sich alles in ihrer eigenen Siedlung vorführen. Dazu müssen sie kaum noch aus ihren Häusern gehen, nicht einmal um mich zu sehen. Neben mir rufen manchmal die Kinder: „Uih, genauso habe ich den im Fernsehen* gesehen." Die Eltern sagen dann: „Jetzt hör aber auf! Das hier ist doch was ganz anderes. Das ist die Realität." Viele sehen das Leben anscheinend nur noch in diesem Fernsehen. Jesus Maria!

Sie haben viel Zeit dafür – und sind doch immer in Eile. Sogar wenn manche vor mir stehen, höre ich sie sagen: „Macht hin! Wenn wir noch länger bleiben, müssen wir wieder zwei Euro mehr fürs Parken zahlen." – „Schnell! Heute Nachmittag kommt der Film, den habe ich den Kindern versprochen." – "Rasch, rasch! Im Berufsverkehr will ich nicht aus Bozen raus."

Sie leben wohl nur noch für den Augenblick – und dann fordern sie doch die Ewigkeit heraus. Sie haben sogar eine Art Feuer erfunden, das immer brennt und ihnen Licht und Wärme bringt. Aber es lässt ein Gift zurück, vor dem die Menschen *immer* geschützt werden müssen. Daher planen sie doch für die Zukunft.

So haben sie sich anscheinend auch vorgenommen, mich auf immer zu erhalten. Wahnsinn! Aber vielleicht ist das auch eine Chance, nicht für mich, sondern für sie. Denn wenn sie wirklich wollen, dass ich nicht vergehe, müssen sie zusehen, dass die Welt auch übermorgen noch besteht. Anscheinend leben sie ja so, dass sie alle ihre Vorräte aufbrauchen.

Einmal starrte mich ein Kind an und aß dabei irgendeine Art braunen Riegel. Es hielt mir den dann schmatzend hin. *„Spinnsch Bua!"*, rief aber seine Mutter und haute ihm auf die Hand. Da fiel der Riegel zu Boden und das Kind schrie. Es bückte sich und wollte ihn aufheben. *„Ah, kimm, geah weiter!"*, rief die Mutter erst recht erbost und ging und schmiss den Riegel in einen Eimer. Da schrie das Kind noch schlimmer. Die Mutter holte aber sofort einen neuen Riegel aus ihrer Tasche. Da war das Kind wieder ruhig. Es war so dick wie die Mutter. Schon das Essen, das auf dem Boden liegt, rühren sie nicht mehr an.

Bescheiden sind sie nicht. Sie haben alles im Überfluss. Und sie trauen sich alles zu. Um sich das zu bestätigen, brauchen sie vielleicht mich. Sie sehen dort mein Beil liegen und sagen: „Das kann ich auch bauen." Aber ich bezweifele, dass sie wüssten, welches Krummholz sich für den Schaft eignet oder wie man Lederstreifen und Birkenteer zur Befestigung der Klinge herstellt oder wie man überhaupt eine solche Klinge erlangt. Sowieso bekommen sie weiße Haare und bewegen sich im Alter erst recht mit Schmerzen.

Einmal habe ich eine Frau fragen gehört, irgendwie empört: „Wie lange soll der denn hier ausgestellt bleiben?"
„Bis zum Jüngsten Tag", antwortete einer aus dem Museum und lächelte.
Längst weiß ich, was das bedeutet, nämlich bis in alle Ewigkeit zu warten. Also muss ich die Hoffnung nicht aufgeben. Ich erlebe ja am eigenen Leib, wie schnell die Menschen sich weiterentwickeln. Wer weiß, was sie also noch über mich herausfinden werden, Dinge, die ich gar nicht begreifen kann. Eins allerdings kann ich mir wohl, wie sie sagen, abschminken: Nie werde ich mehr an irgendeinem gemütlichen Feuer sitzen.

Die Bedeutung des Eismannes

So wie der Eismann inzwischen „gesichert" ist, wird er uns moderne Menschen immer zum Nachdenken verleiten. Dabei geht es gewiss nicht nur darum, woher wir kommen und wie wir uns entwickelt haben. Denn dass wir da unglaubliche Fortschritte gemacht haben, ist allzu offensichtlich: Wir fahren mit Seilbahnen in die Berge und auf Skiern wieder hinab. Wir machen Feuer auf Knopfdruck und können allein auf uns gestellt auch in 3.000 Metern Höhe mit dem Mobiltelefon um Hilfe rufen. Wir schießen nicht mehr auf 50 Meter genau, sondern noch viel weiter, als das Auge reicht. Wir haben immer zu essen und müssen uns kaum noch bewegen, jedenfalls in unserer „westlichen" Zivilisation. Das ist dann allerdings auch der Preis, den wir für den Fortschritt bezahlen müssen. Der Eismann hatte zwar abgenutzte Zähne und ein wenig Arterienverkalkung, auch Peitschenwürmer und Flöhe, aber keinen Gelenkverschleiß und keinen Bandscheibenvorfall und mit Sicherheit keinen Bluthochdruck, Allergien, Diabetes, Darmkrebs. Im Vergleich zu vielen heute 50-Jährigen war der Eismann körperlich fit. Er hätte vielleicht sogar unser durchschnittliches Lebensalter erreicht. Die Beschränktheit des Lebens teilen wir nach wie vor mit ihm.

Vor allem aber bringt uns der Eismann zum Nachdenken, was uns Menschen ausmacht und wie wir miteinander umgehen. Warum finden wir es so faszinierend, uns mit ihm in eine Zeit hineinzuversetzen, die angeblich vergangen ist? Warum stehen wir vor dem Südtiroler Archäologiemuseum Schlange, um einen toten Menschen hinter Panzerglas zu betrachten? Warum sprechen wir etwa darüber, dass dem Eismann das zwölfte Rippenpaar fehlte und bei ihm die Weisheitszähne nicht angelegt waren, aber nur hinter vorgehaltener Hand über seine Geschlechtsteile. Warum reden wir von einem Fluch, wenn wir doch genau wissen, dass so etwas zu glauben Quatsch ist?

Der Eismann wirft ständig Fragen auf. Vielleicht sollten wir Menschen uns wundern, wenn wir darauf plötzlich keine Antworten mehr haben – oder keine Fragen mehr zu ihm haben. Vielleicht dient er als Maßstab für unser eigenes Leben.

Jährlich besuchen ca. 250.000 Menschen das Südtiroler Archäologiemuseum.

Glossar

Auflage	*Menge der täglich gedruckten Zeitungen. Ist für die „Freie Presse" der entscheidende Antrieb, bestimmte Nachrichten zu verbreiten.*
Bogen	*Eine der ältesten menschlichen Waffen; genauso präzise wie ein Gewehr. Ist heute für die Jagd aus „Tierschutzgründen" nicht erlaubt.*
Cheops-Pyramide	*Eines der größten bestehenden Bauwerke aus der Zeit um 2600 v. Chr. Sinnbildlicher Ausdruck für die frühere Fähigkeit des Menschen, etwas für die Ewigkeit zu errichten.*
Denkmalschutz	*Gesetz zum Schutz bestimmter Bauwerke. Diese dürfen nicht von Menschen zerstört werden.*
Fernsehen	*Gerät zum Vorgaukeln von Wirklichkeit. Hat die Wahrnehmung der Welt völlig verändert. Dient heute vor allem dazu, die Menschen in ihrer Freizeit zu beschäftigen.*
Finderlohn	*Muss dem Finder vom Eigentümer gezahlt werden und beträgt üblicherweise einen bestimmten Teil des Wertes – der Wert des Eismannes in Geld würde sich auf zig Millionen belaufen, seine Box nicht eingerechnet.*
Gendarm	*Aus Frankreich stammende Bezeichnung für „Polizist"; in Österreich erhalten geblieben.*
Grenze	*Maßnahme zur Abgrenzung. Ist eine Bedingung für das Bestehen der modernen Staaten.*

Messner, Reinhold (*1947)	*Heute bekanntester lebender Südtiroler. Hat die höchsten und steilsten Berge bestiegen und warnt vor den Gefahren solcher Besteigungen für Mensch und Umwelt.*
Rechtsmedizin	*Verhüllende Bezeichnung der Leichenschau. Wichtig zur Bestimmung der Todesursache eines Menschen.*
Siegfried	*Held der germanischen Sagenwelt. Wurde von Hagen hinterrücks ermordet.*
Similaunhütte	*Eine sogenannte Schutzhütte. Diese dienen in den Alpen dem modernen Menschen dazu, auch noch auf den höchsten Bergen abends ein Bett und ein Bier zu bekommen.*

Zeittafel

3300 v. Chr.
Eismann »Ötzi«

0 Geburt
Christi

3300 v. Chr.
2600 v. Chr.
0

2600 v. Chr. Bau der
Cheops-Pyramide

1782 Erfindung
der Dampfmaschine

1492 Entdeckung
Amerikas

476   1492   1782
       1961   1991

476 Ende des
Römischen Reiches

1961 Geburt von
Andreas Venzke

1991 Entdeckung
des Eismannes »Ötzi«

Inhalt – Erzählung

Wie er gefunden wird	6
Wie sie ihn nicht bergen können	14
Wie sie ihn aus dem Eis holen	22
Wie sie ihn erkennen	30
Wie sie ihn schützen wollen	38
Wie sie seinetwegen in Streit geraten	47
Wie sie ihn untersuchen	55
Wie sie ihn neu unterbringen	65
Wie er ausgestellt wird	72
Wie sie den tödlichen Pfeil finden	78
Wie sie ihm den Fluch anhängen	86
Wie er auf das Ende wartet	95

Inhalt – Sachkapitel

Der geheimnisvolle Ötztal-Mann	5
Eine Leiche im Eis	12
Konservierte Menschen	20
Die Bergung der Gletschermumie	28
Bestattungen in der Frühzeit	36
Staatsgrenzen und Südtirol	44
Die Beifunde	52
Der Eismann als Forschungsgegenstand	62
Rückständige Frühmenschen?	70
Ein Ausstellungsstück im Museum	76
Mord in der Frühgeschichte	83
Lohnende Schatzsuche?	92
Die Bedeutung des Eismannes	100
Glossar	102
Zeittafel	104

Leseliste

Angelika Fleckinger: Ötzi, der Mann aus dem Eis.
Folio-Verlag. Wien 2009
Im Taschenbuch-Format die wichtigsten Informationen anschaulich erklärt

Elli G. Kriesch: Ötzi, der Gletschermann und seine Welt.
Piper-Verlag. München 2001
Wenn auch nicht mehr auf dem allerneusten Stand, liefert das Taschenbuch die wichtigsten Hintergrundinformationen

Gudrun Sulzenbacher (Hg.): Die Gletschermumie – mit Ötzi auf Entdeckungsreise durch die Jungsteinzeit.
Folio-Verlag. Wien 2008
Das großformatige Buch besticht besonders durch die Zusammenstellung hervorragender Illustrationen.

www.iceman.it
Gut gemachte Website des Südtiroler Archäologiemuseums mit allen wichtigen Informationen zum Thema

Quellennachweise

Abbildungen:
picture-alliance/akg-images: S. 20
picture-alliance / dpa: S. 13, 84
picture-alliance/ZB: S. 92
Südtiroler Archäologiemuseum : S. 4, 29, 36, 45, 53, 54, 63, 70, 77
Südtiroler Archäologiemuseum, Foto O. Verant: S. 101

Wir danken dem Südtiroler Archäologiemuseum für die freundliche Beratung und die Bereitstellung der Fotos. www.iceman.it

Impressum

1. Auflage
© Arena Verlag GmbH, Würzburg 2012
Alle Rechte vorbehalten
Coverillustration: Joachim Knappe
Innenillustrationen: Kai Pannen
Gesamtherstellung: Westermann Druck Zwickau GmbH
ISBN 978-3-401-06651-6

www.arena-verlag.de

ARENA BIBLIOTHEK DES WISSENS
LEBENDIGE GESCHICHTE

Andreas Venzke

Scott, Amundsen und der Preis des Ruhms

Wettlauf im ewigen Eis. Das 20. Jahrhundert hat begonnen. Die Erde ist fast bis in den hintersten Winkel entdeckt und erforscht. Nur die Arktis, die weiße Hölle, hat noch keinen Eroberer gefunden. Wer sie bezwingt und als erster Mensch den geografischen Südpol erreicht, erntet Ruhm und Ehre! Grund genug, sich in den tödlichen Wettstreit zu begeben. Amundsen oder Scott? Wer wird als Entdecker des letzten unentdeckten Punktes der Erde in die Annalen der Geschichte eingehen und wer der ewige Zweite bleiben?

144 Seiten
Klappenbroschur
ISBN 978-3-401-06539-7
www.arena-verlag.de

ARENA BIBLIOTHEK DES WISSENS
LEBENDIGE BIOGRAPHIEN

978-3-401-06775-9   978-3-401-06646-2   978-3-401-06394-2

Eine Auswahl weiterer Titel der Reihe
Lebendige Biographien:

Luca Novelli
Newton und der Apfel der Erkenntnis
ISBN 978-3-401-06395-9

Luca Novelli
Archimedes und der Hebel der Welt
ISBN 978-3-401-05744-6

Luca Novelli
Einstein und die Zeitmaschinen
ISBN 978-3-401-05743-9

Luca Novelli
Darwin und die wahre
Geschichte der Dinosaurier
ISBN 978-3-401-05742-2

Andreas Venzke
Humboldt und die wahre
Entdeckung Amerikas
ISBN 978-3-401-06217-4

Luca Novelli
Mendel und die Antwort der Erbsen
ISBN 978-3-401-06182-5

Andreas Venzke
Schiller und die Freiheit des Geistes
ISBN 978-3-401-06218-1

Luca Novelli
Galilei und der erste Krieg der Sterne
ISBN 978-3-401-05741-5

Luca Novelli
Leonardo da Vinci, der Zeichner
der Zukunft
ISBN 978-3-401-05940-2

Andreas Venzke
Gutenberg und das Geheimnis
der Schwarzen Kunst
ISBN 978-3-401-06180-1

Arena

Jeder Band:
Klappenbroschur
www.arena-verlag.de

Andreas Venzke

Berlin, Berlin
Geschichte einer Nation

Berlin, die schnellste Stadt der Welt, Mythos Großstadt, das Moloch oder aber Sammelstelle für Träumer und Verlierer? Deutschlands Hauptstadt polarisiert: Die Stadt markiert eine merkwürdige Schnittstelle im Selbstverständnis der Deutschen und egal ob sie das Ziel aller Wünsche oder aber den wahr gewordenen Albtraum verkörpert, ist ihre Faszination ungebrochen. Andreas Venzke spiegelt die vielen Gesichter einer unglaublichen Stadt. Berlin ist sexy...

176 Seiten • Gebunden
ISBN 978-3-401-06143-6
www.arena-verlag.de